中国县域经济研究丛书

县级财政支农结构演进：分权与转型

张丽阳 著

中国农业大学出版社
·北京·

内容简介

本书从一个新的视角对现有行政框架下财政转型的调节进行了评估，对与我国县级财政支出结构相关的理论做出综述，在对影响我国县级财政支出的主要因素进行分析的基础上，解剖了中部地区河南省 W 县扩大管理权限前后的财政支出变化，提出分权与财政投向关系的理论假说，并利用相关模型考察了地方政府治理结构的变化和财政分权在促进财政支出的公共方向转型方面的影响，试图回答这种具有明显政策性特征的设计是否是一种可供选择的帕累托最优设计，这种政策设计能否在促进财政向公共方向转型方面具有显著意义，能否逐步变成一种制度范式。

图书在版编目(CIP)数据

县级财政支农结构演进：分权与转型/张丽阳著. —北京：中国农业大学出版社，2015.8

ISBN 978-7-5655-1342-8

Ⅰ.①县… Ⅱ.①张… Ⅲ.①县-地方财政-财政支农-研究-中国 Ⅳ.①F812.2

中国版本图书馆 CIP 数据核字(2015)第 160387 号

书　名　县级财政支农结构演进：分权与转型

作　者　张丽阳　著

策划编辑　潘晓丽　　**责任编辑**　潘晓丽

封面设计　郑　川　　**责任校对**　王晓凤

出版发行　中国农业大学出版社

社　址　北京市海淀区圆明园西路 2 号　　**邮政编码**　100193

电　话　发行部 010-62818525，8625　　读者服务部 010-62732336

编辑部 010-62732617，2618　　出　版　部 010-62733440

网　址　http://www.cau.edu.cn/caup　　**e-mail** cbsszs@cau.edu.cn

经　销　新华书店

印　刷　涿州市星河印刷有限公司

版　次　2015 年 8 月第 1 版　　2015 年 8 月第 1 次印刷

规　格　787×1 092　16 开本　12.5 印张　188 千字

定　价　32.00 元

本书由国家社会科学基金重大项目“同步推进工业化、城镇化和农业现代化战略研究”(11&ZD009)资助。

总　序

郡县治，天下安。自春秋时代初置，县就成为中国最重要的管理节点和治国安邦的根本所在，历千年而不变。当文明的车轮驶入21世纪第二个10年的轨道，古老的县域在中国国家治理体系中的重要地位愈发凸显。特别是随着“省直管县”体制试点的不断深入和逐步推开，县域正在孕育的新增长点会加速成长，推动县域经济进入大发展时期。

党的十六大、十七大、十八大都提出要壮大县域经济，建设社会主义新农村。县域因政府权力较完整、国土面积较适中、自然条件较一致、城乡发展较密切而成为国家治理体系和治理能力现代化的关键节点和全面深化改革的主要阵地。加之“三农”问题发端于县域，并很大程度上要在县域内解决，县域经济发展质量高低又直接关乎全面建成小康社会目标的顺利实现。因此，在“十三五”开局之年，探究县域经济在宏观经济进入新常态、“一带一路”和“互联网＋”战略加速实施背景下的发展路径，具有重要意义。

这套县域经济研究丛书，是中国农业大学中国县域经济研究中心主要研究人员集体智慧的结晶。丛书分两年出版，每年5本，主要聚焦县域经济发展中的10个重要方面，分别为：

1. 县域经济主导产业的甄选、培育与评价

2. 以县为单元的产业经济管理

3. 以县为单元的城乡统筹战略与实施策略

4.以县为单元的城镇化道路

5.京津冀一体化战略中的县域经济发展

6.新常态下县域转型升级

7.“一带一路”沿线县域经济发展战略调整

8.“互联网+”战略与县域经济发展升级

9.大众创业、万众创新背景下县域创业创新型经济发展

10.新型农业经营主体普惠金融支持体系建设

近几年来,我在中央党校、国家行政学院、延安、井冈山等干部学院里,培训了全国地市级以上干部 3 000 多人,县市书记(长)正职 3 500 多人,副职 6 000 多人,和他们进行了充分交流。以上所列就是市县领导非常关心的问题,也是中国农业大学中国县域经济研究中心研究的重点和未来探索的方向。由于县一级直面百姓,我们写作的目的就是要为国家战略决策落地提供有益借鉴。

本套丛书注重理论研究与实践操作的有机结合,既注重学术性、理论性,以作为县域经济、农业经济研究者的参考用书,又注重操作性、实践性,因此也可作为各级党校、行政学院、社会主义学院系统县级干部学习培训用书。

本套县域经济研究丛书,总结以往县域经济发展实践,探索规律,并与新常态和国家大政方针相结合,以全面深化改革为抓手,提出县域经济、社会、生态和谐发展的战略方向和基本策略,希望能为探索具有中国特色的县域经济发展道路贡献一点智慧。由于能力和角度所限,错讹之处难以避免,欢迎各位读者批评指正。

张正河

2015 年 8 月

前　言

财政与国家密不可分，财政就是国家的理财之政，是一种国家的经济行为，财政学更是一门名副其实的政治经济学。自20世纪60年代以来，学术界将政府的经济活动视为与市场经济相对应的一个特殊的经济领域加以研究，特别是从政治角度研究政府经济活动的特殊规律性，协调政府与市场的关系，以达到促进经济稳定增长的宏观目标。因此，财政工作做得好，便会利益众生。但也应看到，财政具有其鲜明的阶级特征和公共属性，这是由财政的政治属性所决定的。同时，财政还有自身的规律和特点，如强制性和非直接偿还性，以及收入与支出的对称性等。应该说，某种程度上，财政能力是衡量一个国家治理能力的风向标，是展现大国掌控能力的基石，也是决定国是方向的重大因素。

1964年8月和1965年8月，当时的财政部先后召开了第一次和第二次全国财政理论会，掀起了中国现代财政理论研究的第一次高潮。大家对财政的本质进行了深入的研讨，其探讨之深、视角之广都前所未有，并提出了至今都依然闪耀着光辉的重要思想。归纳起来，大概有7种理解：①国家分配论；②货币关系论；③价值分配论；④国家资金运动论；⑤公共分配论或共同需要论；⑥剩余产品分配论；⑦国家经济活动论或公共经济论等。财政作为国家掌握财力资源的能力逐步开始与现代中国的经济运行接轨，国家对经济运行的介入方式发生了重大转变。

中国的财政支农体系一直随着我国经济社会发展不同阶段性任务的转化在持续演进。财政支农从一定意义上讲，也是国民收入分配的重要内容之一,它既是对产业发展的一种调整手段,也是促进社会公平的重要方式。我国1994年实施的分税制,既是政府间财政关系的重大改革,也是市场经济体制改革的重要一环,作为五级财政构架底层的县乡财政受到巨大影响。由于财政资源的分配方式对农村经济和社会发展的影响密切,因而传统的县级财政体制日益成为制约县域经济,甚至农村地区发展的重要因素。分税制改革只是解决了中央和地方财政收入的划分,而未相应修改支出责任的划分,从而导致县级财政的运作弹性空间和方式的混乱。目前县级财政的困难对财政分权改革具有较强的路径依赖,并出现了县级财政的制度供给失衡。因此,当前财政体制改革的一个重要思路便是"分权促转型",即通过对地方政府管理权限的下放,促进传统财政向公共财政转变,探索在公共财政框架下的财政支农改革。

本书对与我国县级财政支出结构相关的理论做出综述,在对影响我国县级财政支出的主要因素进行分析的基础上,解剖了中部地区河南省W县扩大管理权限前后的财政支出变化,提出分权与财政投向关系的理论假说,并构建了有关的计量模型。首先,对该县当前的财政收入结构进行分析,这部分与我国现行的财政制度设计进行了结合研究;其次,对县级财政的支出结构的变化与调整进行分析,特别是在当前"支农惠农"政策和公共财政体系建设的引导下,县级财政支出结构都发生了哪些方面的变化;最后,在统计分析的基础上,提出分权与财政转型之间关系的计量模型,利用相关模型考察了地方政府治理结构的变化和财政分权在促进财政支出的公共方向转型方面的影响。

从一个新的视角对现有行政框架下财政转型的调节进行了评估,试图回答这种具有明显政策性特征的设计是否是一种可供选择的帕累托最优设计,这种政策设计能否在促进财政向公共方向转型方面具有显著意义,能否逐步变成一种制度范式。研究表明,经济管理权限的扩大是在现行体制框架下提升财政支出向公共方向转型的可行途径;过多的经济社会管理分权也并不能带来地方财政支出的公共方向转型程度的更大提升；财政分权在很大程度上对这种转型不一定会具有正向作用；对财政转移支付依赖度的提高会压迫县级财政更加切实地贯彻上级财政投向意图；探讨了优化县级财政支出结构的途径。最后，提出了深化扩权强县的事权财权划分、完善公共财政支出方式、健全财政的制度环境、采取综合配套设施、规范完善转移支付制度等今后县级财政的改革思路和对策措施。

当前，随着我国经济发展进入新常态，公共财政无疑是今后中国发展的重要方向。中国基层财政运行出现一系列新情况、新问题，特别是财政层级的重新划分与公共财政发展方向将构成我国财政的主要发展方向。如何通过财政支农，特别是县级财政支农体系的逐步完善发挥好财政资金“四两拨千斤”的杠杆作用，促进中国农业的可持续发展是今后中国的一个重大问题。希望本书的探讨能够为我国今后的财政发展贡献些许绵薄之力。

张丽阳

2015 年 6 月

目　录

图 目 录

表目录

因天下之力，以生天下之财；取天下之财，以供天下之费。

——北宋·王安石

绪　　论

在我国现行的五级财政制度中，县级财政属于基层财政范畴，是国家财政构架的基础。县级财政在基层政权中起着举足轻重的作用，是基本建设、经济发展、社会稳定的重要影响因素。有研究称，处于基层财政的县乡两级财政，在公共财政支出中占有重要比例，以 2002 年为例，县乡两级财政提供了地方公共服务支出总量的 43%（朱钢等，2006）。2003 年实施农村税费改革以后，县级财政的地位和作用与乡级财政相比，更为重要和突出了。截止到 2013 年年底，我国有 2 853 个县级区划，这意味着，全国有 2 853 个县级财政存在，覆盖了大约 9 亿人口，8 亿农民。政府要落实各项政策，都需要通过基层行政单元——县级行政单位来完成。因此，县级财政与农村财政制度联系最紧密，也是建设农村公共财政制度的关键。

0.1　县级财政地位与财力的错配

县级财政体系地位如此重要，但在运行过程中也存在着不少的问题。

1994 年财政分税体制改革后,在国家宏观调控政策和国内外不断变化的经济形势的影响下,县级财政收入的增长趋慢,在职能不断扩展,支出不断扩大的趋势下,收支矛盾逐渐尖锐。朱钢(2000)研究发现,从全国县级单位的预算收入与预算支出数字看,预算赤字在县级财政中是广泛存在的,预算赤字县在全国县级单位中的比例居高不下。陈锡文、韩俊等(2004)和财政部公共财政覆盖农村课题组(2005)研究发现,县级财政作为基层财政,担负着农村基础设施建设的任务,县级财政运转困难,会造成对农村公共产品和服务总量的供应能力不足。因为财政困难,县乡政府没有能力对农业基础设施进行有效的投资。2006 年全国范围取消农业税,农民负担大幅减轻,也给现县乡财政运行带来了更大的挑战。农业税的取消使县乡财政原有的问题更加突出,诸如基层财政体制问题,农村公共产品的供给能力问题,统一城乡税制问题,乡村债务问题。而要解决这些问题,一个真正意义上的农村公共财政制度亟须建立,而县级财政研究应是农村公共财政研究的主要对象。

0.2 县级财政体制改革的稳步推进

1994 年实施的分税制,初步形成了中央和以省为代表的地方的财力分配框架,确定了中央和省级政府的事权和财权,但是对省级以下行政单位的财力分配框架却没有界定清楚。虽然各级地方政府在财政收支的划分上已形成了初步的体制,但是其职权范围依然模糊,责权划分也不太清晰,这又激发了地方政府因层级繁多而产生的矛盾。

县级财政作为基层财政,其运转的好坏与基层建设息息相关,是维持政府权威性、社会稳定的重要因素,所以,县级财政是国家整个财政体系中的重要环节。“省直管县”财政制度能够使政府的层级减少,交易成本降低,政策透明度增加,同时使县级财政的收入占全省收入的比例增加。“扩权强县”是“省管县”前的有序过渡(张占斌,2005),也是让县级县域经济挣脱“市管县”体制的一项改革,对于减少行政层级,降低行政成本,统筹城乡发展,维护基层组织利益等方面具有重要的作用。从 1992 年始,我国在中央政府的支持下,浙江、河北、江苏、河南、安徽、广东、湖北、江西、吉林等省份陆续推行了以"扩权强县"为主要内容的改革试点，对经济发展较快的县市进行了扩权，把地级市的经济管理权限直接下放给一些重点县。目前，全国实行财政"省管县"的有河北、山西、海南、辽宁、吉林、黑龙江、江苏、浙江、安徽、福建、江西、山东、河南等18个省份，加上北京、上海、天津、重庆4个直辖市，共有22个地区实行了财政体制上的"省管县"。

0.3 县级财政支出结构的优化

财政支出结构作为社会资源配置的一种重要手段，其合理性影响着财政支出效率的高低、支出原则的贯彻、支出目标的实现及应有的效益是否达到。支出结构的合理性，关系到社会经济发展的持续性。财政支出结构框架的建立关系到社会经济的方方面面，优化的财政支出结构对社会资源的配置，经济的较快增长都起着重要的作用，也是政府实现其职能的一种有效手段。

2008年全国县乡两级政府一般预算收入为12 007亿元，占全国财政的比重为20.53%，一般预算支出为24 579亿元，占全国财政的比重为40.44%。即县乡两级政府的支出责任是收入的将近2倍。面对全国财政支出的40.44%为县乡政府所花费这样的支出现状，其支出的结构及优化更应该受到广泛关注。

在此大背景下，我国县级财政支出结构和资金投入方向就显得更加重要和突出，有必要在财政资金约束的条件下系统考虑县级财政支出结构，财政体制改革问题。

2009年中央一号文件《中共中央国务院关于2009年促进农业稳定发展农民持续增收的若干意见》中第26条指出：调整财政收入分配格局，增加对县乡财政的一般性转移支付，逐步提高县级财政在省以下财力分配中的比重，探索建立县乡财政基本财力保障制度。推进省直接管理县(市)财政体制改革，将粮食、油料、棉花和生猪生产大县全部纳入改革范围。稳步推进"扩权强县"改革试点，鼓励有条件的省份率先减少行政层次，依法探索"省管县"的体制。省管县的根本目标，是使各级政府的财权和事权尽可能地统一起来。第 25 条指出，推进“乡财县管”改革，加强县乡财政对涉农资金的监管。2010 年中央一号文件《中共中央国务院关于加大统筹城乡发展力度进一步夯实农业农村发展基础的若干意见》中第 22 条指出，深入推进乡镇机构改革。继续推进省直管县财政管理体制改革，提高县乡基本财力保障水平，落实村级组织运转经费保障政策。按相关规划和要求，中央和省级财政继续支持农村义务教育历史债务的清理化解，推进其他公益性乡村债务清理化解试点，防止发生新的乡村债务。坚持政府引导、分级负责、农民自愿、上限控制、财政补助的原则，探索建立新形势下村级公益事业建设的有效机制，认真总结一事一议财政奖补试点经验，加大财政奖补力度，扩大试点范围。第 23 条指出，继续推进“扩权强县”改革试点，推动经济发展快、人口吸纳能力强的镇行政管理体制改革，根据经济社会发展需要，下放管理权限，合理设置机构和配备人员编制。2015 年中央一号文件《关于加大改革创新力度加快农业现代化建设的若干意见》指出，增加农民收入，必须明确政府对改善农业农村发展条件的责任。坚持把农业农村作为各级财政支出的优先保障领域，加快建立投入稳定增长机制，持续增加财政农业农村支出，中央基建投资继续向农业农村倾斜。优化财政支农支出结构，重点支持农民增收、农村重大改革、农业基础设施建设、农业结构调整、农业可持续发展、农村民生改善。转换投入方式，创新涉农资金运行机制，充分发挥财政资金的引导和杠杆作用。改革涉农转移支付制度，下放审批权限，有效整合财政农业农村投入。

正是基于以上的思考，本书选择对我国中部地区县级财政支出结构做出分析研究，其理论意义在于：①有助于建立、规范和探索我国县级财政支出系统的理论研究框架；②有助于将相关财政支出理论与我国现实的县级财政支出实践进行相互结合与验证；③有助于为今后的县级财政支出理论研究提供方法性的借鉴。现实意义主要在于：①有助于对县级财政支农的资金投入方向和方式的完善提供借鉴；②有助于为我国统筹城乡发展中的核心问题——城乡统筹的财政体制建设提供局部方案；③有助于合理配置我国财政资源，有效促进县域经济发展。

0.4 几个概念的界定

(1)财政　20 世纪 40 年代中华书局出版的《辞海》对“财政”一词作如下解释:财政谓之理财之政,即国家或公共团体以维持其生存发达之目的,而获得收入、支出经费之经济行为也。显然,这种解释是从英文“public finance” 译为中文而引出的概念。在当今的市场经济体制下,财政的概念有所延伸和发展,从实际工作来看,财政是指国家(或政府)的一个经济部门,即财政部门,它是国家(或政府)的一个综合性部门,通过它的收支活动筹集和提供经费和资金,保证实现国家(或政府)的职能。从经济学的意义来理解,财政是 个经济范畴。财政作为一个经济范畴,是一种以国家为主体的经济行为,是政府集中一部分国民收入用于满足公共需要的收支活动,以达到优化资源配置、公平分配及稳定和发展经济的目标;也可以理解为,财政是以国家为主体的分配活动,但这里的“分配”应理解为广义的分配,既包括生产要素的分配,也包括个人收入的分配。

(2)财政支出　公共财政支出也称预算支出,是以国家为主体、以财政的事权为依据进行的一种财政资金分配活动,是政府为提供公共产品和服务,满足社会共同需要而进行的财政资金的支付。集中反映了国家的职能活动范围及其所发生的耗费。它是为了实现国家的各种职能,由财政部门按照预算计划,向国家有关部门和方面支付财政资金的活动,通常按财政年度计算。

由此可见,公共财政支出一般是在市场经济条件下,政府为满足实现其职能、取得所需商品和劳务的需要,对一定的社会产品进行有计划的再分配。主要表现在政府对其所掌握的财政资金的安排、供应、使用和管理的全过程,反映了财政资金的规模、结构、流向和用途。就其本质而言,公共财政支出反映了政府的政策选择,是政府职能行为的成本。

(3)财政支出结构　财政支出结构是指在一定的经济体制和财政体制下,在财政资金的分配过程中,公共财政支出总额中各类支出的组合以及各类支出在支出总额中的比重,也就是我们所说的财政支出的构成。财政支出过程是政府实现其职能的过程,财政支出结构就是政府职能实现在量上的体现。公共财政支出结构反映了一国政府配置社会资源的重点和方向,一国的财政支出结构的现状及其变化也反映了该国政府正在履行的政府职能的重点。

(4)财政收入　财政收入,是指政府为履行其职能、实施公共政策和提供公共物品与服务需要而筹措的一切资金的总和。财政收入表现为政府部门在一定时期内(一般为一个财政年度)所取得的货币收入,包括税收收入和非税收入。国际货币基金组织(IMF)中将非税收入定义为政府在税收之外取得的收入,包括因公共目的而获得的不需要归还的补偿性收入,以及非政府单位自愿和无偿向政府支付的款项,具体包括经营和资产收入、罚款收入、收费等。本书重点研究的县级财政,其收入包括税收收入、非税收入和转移性收入,这里的转移性收入是指上级政府为解决财政失衡而通过一定的形式和途径向基层政府转移财政资金的活动,是用以补充公共物品而提供的一种无偿支出,是政府财政资金的单方面的无偿转移,体现的是非市场性的分配关系。

(5)"扩权强县"改革　"扩权强县"改革是指数年前就开始在浙江等地实施的一种政府管理体制改革,这一改革的核心内容就是通过扩大县一级政府的相关权力,以使县一级政府具有更大的自主权,从而为实现县一级政府的经济发展和社会管理职能奠定基础。"扩权强县"的重点,首先就是把省、市两级的一些审批权力下放到县,使县一级政府拥有更多的自主发展权,加速县域经济的发展。"扩权强县"改革也是伴随着省管县改革而来的,是"省管县"前的有序过渡。

(6)"省管县"财政管理体制　"省管县"财政管理体制是一种明确界定省级财政与县级财政间相互关系,由省直接领导县的财政管理体制,即:在财政收支划分、专项拨款、预算资金调度、财政年终结算等方面,由省直接分配下达到县、市,县财政和市本级财政一样都直接同省财政挂钩,并明确确立各级财政的组织架构和运行原则,划分省级财政和地方财政收入和支出范围,规定地方财政收入的许可来源和财政支出的许可用途,明确各级财政间的相互关系。

“省管县”财政管理体制反映不同财政主体之间的分配关系，省财政可根据全省各地的不同实际，分类分别确定不同的市县财政体制，保证各级财政体制和政策规定范围内的既得财力不受影响。省对相关县(市、区)的各项转移支付补助按照规范的管理办法直接分配到县，省财政专项资金由省财政厅会同有关部门直接分配下达到县，开通省县直达车。

凡轻重之大利，以重射轻，以贱泄平。万物之满虚随财，准平而不变，衡绝则重见。人君知其然，故守之以准平。

——《管子·国蓄》

第1章 财政支出的历史追溯与理论述评

本部分对与我国县级财政支出结构相关的理论做出综述和相关学者的研究做出述评，主要包括：主要的财政支出结构理论、国内外学者对财政支出，特别是县级财政支出的研究综述、政府职能理论、分权理论等。

1.1 财政支出结构理论的演进

1.1.1 国外学者对财政支出结构的研究

1. 国外财政支出结构理论历史追溯

国外学者对财政支出结构的研究，最早可以追溯到1662年威廉·配第所著的《赋税论》一书中。《赋税论》主要阐述了威廉·配第的财政学说，包括对国家理论、税收和财政支出等方面的研究。第一，国家理论。配第指出，农业和制造业在一个国家具有举足轻重的作用，是国家的命脉。所以，国家应利用其权力适当干预经济，降低非生产性支出，加大对农业和制造业的开支，使经济向着有利于富民强国的方向发展。另外，配第不赞成有关关税保护的理论，提倡贸易自由。第二，财政支出理论。配第指出，国家根据发展的需要，应分为 6 个职能部门，分别为行政部门、教育部门、军事部门、公共事业部门、宗教部门和社会救济部门。每个部门根据其职能需要，提供相应的经费支出。在支出结构上，配第主张削减非生产性支出，提高生产性支出，具体而言，应压缩教育支出、行政支出、军事支出和宗教支出，同时提高公共事业支出和社会救济支出，主要用于扶弱济贫和进行公路、桥梁的建设，矿山的开发和河流的疏浚等。

伴随着财政支出理论的发展，财政支出结构优化的问题也被广泛研究。财政支出结构优化最早在 1776 年被亚当·斯密(Adam Smith)提出。斯密在 1776 年的著作《国民财富的性质和原因研究》中，从公共财政的视角创立了财政学。研究从税收，财政支出和公债 3 个角度入手，提出了不赞成国家干预财政的思想，详细地阐述了国家的财政问题。斯密认为，国家的财政开支应主要用于军费开支和公共事业费开支。一个国家只有使军队装备精良和训练有素，才能在战争中立于不败之地，才能使国家长治久安，人民富足。而公共事业费应主要用于基础设施建设和教育。基础设施建设包括修建公路，桥梁有利于商业发展的基本条件等，教育支出用于青少年和成人的教育。另外，还应有一部分财政支出用作皇室费用。斯密还认为，发行公债不利于国家建设。因为公债发行是为募集资本，这会造成民间资本积累的减少，而公债又用于军费开支，这就把本应用于生产的民间资本转移到了军队支出非生产性的支出，对生产的发展起不到促进的作用。

19 世纪 80 年代，意大利学者潘塔莱奥尼来在研究政府支出结构时，利用边际效用价值理论推出了财政支出结构的最优化设计。把因纳税而带来的损失当作财政支出的成本，把财政支出所带来的成效作为收益，把成本和收益作比较，得出最优的支出标准。潘塔莱奥尼运用财政支出项目边际效用的比较，来得到政府财政支出的分配标准。比较分为自身内在效用比较和与其他项目的效用比较两种方式。另外，如果国家制定的税制与支出项目是一一对应的，那么,该项支出项目所获得的效用还要达到大于纳税人因缴税而损失的效用,及其他税收—支出组合与特定的税收—支出组合效用的比较。

在潘塔莱奥尼提出用边际效用价值理论来研究政府支出结构之前,西方的财政一直被视做政府收入的获得和政府消费。之后,政府财政研究的重心从政府职责转移到居民层面,更多地关注居民个人消费需求,被看作政府收支活动及其管理的公共财政研究也越来越受到关注。20世纪50年代以后,随着新福利经济学被普遍运用,公共财政的概念又有了延伸,政府收支活动所带来的经济效应也被归入其中,公共财政又被定义为"政府收支活动及其对资源配置和收入分配的影响"(H. S. Rosen)。

1890年,著名的"瓦格纳法则"被德国经济学家阿道夫·瓦格纳(Adolf Wagner)提出。瓦格纳在研究了美、英、法、日、德等国工业化进程中的财政支出情况后,认为为适应现代经济快速发展而带来的工业化经营的社会考虑和因社会进步而日益增大的政治压力,政府财政支出须逐年增大。瓦格纳指出,促使国家财政支出增加的因素有3个,第一,社会构架和法律关系日趋复杂,使政府在管理和保护上需要投入更大的力度。同时,城市化及其他原因造成的人口聚集引起的劳务和产品的外部性,也需要政府加强管理服务。第二,政府为调节经济,对经济的干预增加和对基础设施建设的支出加大。第三,政府对教育、文化、卫生和福利服务方面的支出增加。为达到上述方面对财政支出的需求,政府需根据社会经济的运行情况,逐步增加财政支出。

20世纪30年代之前,财政学一直以充分就业假设为前提。1936年,凯恩斯在《就业、利息和货币通论》一书中提出了需求管理理论,对充分就业假设进行了质疑。需求管理理论使公共财政支出占GDP的比例逐渐增加,扩大了政府的经济职能,是现代财政学建立的标志,也是财政学的一次重大转折。尽管凯恩斯的需求管理理论没有对财政支出结构的优化做出专门的研究,但却是后来学者研究的基础。凯恩斯提出,现代财政支出除了传统的行政支出和国防支出外,又增加了经济建设方面的支出和社会保障支出。

1961年,英国经济学家皮考克和威斯曼(Peacock和Wiseman)提出的"财政支出阶梯型渐进增长理论",被认为是对"瓦格纳法则"的一个传承。皮考克和威斯曼分析了1890—1955年英国政府财政支出与这一时期重大事件的动态对应情况，提出在社会稳定的年份，人们对租税的忍受能力是相对稳定的，随着经济的发展，税收的提高，政府的财政支出也逐年提高。在社会动荡的年份，人们为了应对战争、饥荒和其他不稳定因素，对租税上升的容忍度提高，政府支出将会有大幅度的上升，可以提高到一个新台阶，这一理论被称为“财政支出阶梯型渐进增长理论”。

美国经济学家马斯格雷夫(Musgrave)对不同经济发展阶段对财政支出结构的影响做了详细的研究，提出了“发展阶段增长理论”。他与经济学家罗斯托(W. W. Rostow)都研究过财政支出上升与经济发展阶段的关系。在对不同国家的财政支出结构变化进行了系统分析之后，提出了对经济发展阶段与财政支出结构关系的独特看法。他们建立了“财政支出的增长的发展模型”，把经济阶段划分为初级阶段、中级阶段和成熟阶段，把财政支出分为民用支出和军事支出，按照经济性质，民用支出又划分为公共积累支出、公共消费支出和转移支出。得出的结论是在不同的经济发展阶段，民用支出中的 3 个支出项目的变化情况不同。

马斯格雷夫指出，在经济发展初期，基础设施如水利、通讯、交通等的建设，外部经济效应很大，严重影响了私人进行生产性投资所获得的利益，致使私人投资积极性差，在一定程度上影响了国家经济的发展。对这些基础性建设的投资往往投资大、收益小、周期长，私人部门往往没有实力或不愿意投资，但这些投资又具有极大的外部经济效益，对经济的发展有着助力、推动的作用。因此，公共部门要加大对这类基础设施的建设，摆脱经济发展可能遇到的“瓶颈”问题，为经济腾飞提供一个良好的环境，促进生产经营迅猛、快速地发展。在经济发展的初期，私人的资本积累薄弱，即使有些资本品生产的利益是内在的，也必须公共部门出资进行建设，需要政府部门通过预算来支出，因此，在经济发展的早期阶段，公共资本起着巨大的作用。

在经济发展的中期阶段，需要由公共部门进行的具有较大外部经济效应的基础设施投资已经初具规模，其需求程度的日益减弱，私人产业部门已经有了一定的规模，私人积累逐渐增加，私人产业与农业产业所占的份额增加，政府投资已经变为私人投资的辅助投资。私人资本积累会逐步提高而公共资本积累会相应降低，公共积累支出在整个社会积累支出中的比例也会降低。

在经济发展成熟时,公共财政投资的比重又将会增加。由于人们收入的提高,私人积累继续上升,对生活质量的要求提高,消费结构也会发生相应的变化,公共财政支出也要随之进行相应的改变。在这一阶段,公共投资主要用于对私人消费品的补偿,公共财政应加大对人力资本和社会基础设施的投资,使公共积累支出又处于高水平的增长率上。也就是说,在经济发展初始阶段,公共部门要加大对基础设施的建设,公共财政投资的比重很高,在经济发展的中期阶段,公共资本积累将呈下降趋势,在经济处于成熟期阶段时,公共财政投资的比重又将会增加。其增加与减少的尺度决定于特定的收入阶段和它对资本的要求。

马斯格雷夫认为,公共消费支出的增长变化主要决定于私人公共消费品的收入弹性。尽管在经济运行的每个时期都测出收入弹性的大小是不现实的,但是就整个经济发展的全过程看,弹性值在1以上。在经济发展初期,人们的要求是满足生活基本需要,如吃、穿方面的消费,公共消费支出不需要太高水平;在经济发展的中期阶段,人们收入水平提高,在满足了衣食等基本需求之后,对基本需要的消费比重将降低,而对提高生活品质的消费比重将上升,比如卫生、教育和安全等,因为这些满足人们高层次需要的资源都需要大规模的公共消费支出作支撑,所以公共消费支出占社会总消费支出的比重上升。随着经济社会的发展,各种复杂的社会经济组织将会越来越多,要求政府来处理和协调各种可能出现的问题和矛盾,如环境污染、交通维持等,这就需要政府加大公共消费支出,致使公共消费支出快速上升。

2.国外学者20世纪80年代以后对财政支出结构的研究

1980年以来,国外研究者开始运用计量经济学模型来考察财政支出结构和规模与经济增长之间的关系,从而寻找出最优化的财政支出结构和规模。不同学者对同一问题利用不同方法研究的结论却相差甚远,这也显示出用计量经济模型分析财政支出结构的局限性。

(1)关于财政支出规模的研究　Landau(1983)对1960—1977年间104个国家的经济平均增长率进行了分析,得出的结果是政府消费在GDP中的比重与人均真实GDP的增长显著负相关。研究认为,政府消费对经济增长无益。

Ram(1986)通过 115 个国家 1960—1980 年的数据，对政府消费、投资、人口和产出对经济增长的影响作了数量分析，得出的结论是政府消费与经济增长是正相关关系，他认为，政府消费对私人部门和经济增长有促进作用，并且越是收入水平低的国家，这种作用越强。

Alexander(1990)在科霍门迪和梅夸尔计量模型的基础上进一步完善，使用了 13 个 OECD 国家的时间序列数据和横截面数据，研究认为，政府支出不能促进经济增长。Barro(1992)分析了 98 个国家 1960—1985 年的数据，把政府购买性消费支出减去教育支出和国防支出后占真实 GDP 的比率与经济增长变量进行回归，研究结果是 1970—1985 年这一比率的平均值对 1960—1985 年的经济增长起显著副作用，研究认为政府支出影响了经济正常发展。

Devarajan、Swamop 和 Zou 在 1996 年也对政府支出与经济增长的关系进行了研究，他们对 43 个发展中国家 1970—1990 年的数据进行回归后，得出的结论是政府支出占 GDP 的比重与人均真实 GDP 的 5 年移动平均增长率正相关。

(2)关于财政支出结构的研究　Easterly 和 Rebelo 在 1993 年分析了不同财政支出项目对经济增长的影响。他们通过对 28 个国家 1870—1988 年数据和 100 个国家 1970—1988 年的数据的分析，结论是政府的通讯支出和公共交通支出与经济增长正相关，教育支出和总公共支出对经济增长有不利影响。Nelson 和 Singh(1994)通过对近 70 个欠发达国家 1970—1989 年数据分析发现，国防支出与经济增长正相关，在 20 世纪 70 年代尤为显著；公共投资在 70 年代对经济增长的影响不显著，但在 80 年代却有显著的正相关性。教育支出在 70 年代对经济增长起正向作用，在 80 年代作用减弱。

Devarajan、Swamop 和 Zou 在 1996 年对 43 个发展中国家 1970—1990 年的数据进行了回归，对政府支出结构与经济增长的关系得出的结论是，增加经常性支出份额对经济增长有显著的正向作用，而卫生、交通、教育、通讯和资本性支出对经济增长或者有负向效应，或者不显著。Knoop(1999)在内生增长模型中引入人力资本变量，对美国经济进行了 5 项政策实验，分别为公共消费、公共投资、政府购买、削减转移支付和公共财政总支出。实验发现,削减公共消费,再配合降税,可略微地有助于经济增长,也就是说公共消费与经济增长负相关;压缩公共投资,再配合降低资本税,在稳态下使经济增长和福利下降。即公共投资与经济增长正相关。

Toye(2000)也指出,支出结构的重要性尤其体现在政府为减少财政赤字而削减财政支出时。政府应防止走入压缩全部支出项目或只压缩一类支出的误区,避免因削减而造成的对生产力和公共服务的新扭曲。最优化的途径应该是保持对私人投资有最大正向作用的财政支出,压缩生产力低下的公共服务项目。比如供水、电力、通讯和交通等基础设施建设,社会保障、卫生和教育等社会服务项目都是预期有极大正向作用的财政支出,是政府不应削减的财政项目。

1.1.2 国内学者对县级财政的研究

1.国内学者对我国财政支出结构的研究

财政支出是社会总资源配置的重要因素,对财政支出结构进行优化,不仅可以促进政府职能的实现,而且可以使整个社会资源得到优化配置,使社会再生产持续快速发展。如果财政支出结构不合理,则会造成地方政府收支矛盾激化,政府职能不能得到良好的实现,影响地方经济的快速健康发展。因此,财政支出结构研究在财政研究中起着举足轻重的作用。

我国学者对财政支出结构的研究,与经济体制密切相关。在20世纪90年代中期以前,财政支出结构的研究都是以计划经济为基础,重点研究与计划经济相适应的生产性财政支出结构,而对财政支出结构优化的研究,也主要是消费性支出与积累性支出的比例的问题。薄一波在1956年的中共八大上提出的“二、三、四”理论是这一时期财政支出的一个重要理论。他在八大上所作的题为《正确处理积累和消费的关系》的发言中提出“在通常的情况下,我国国民收入中积累部分的比重,不低于20%,或略高一点;我国国民收入中,国家预算收入的比重,不低于30%,或略高一点;国家预算支出中基本建设支出的比重,在若干年内,不低于40%,或略高一点。”这样是“比较符合我国当前的经济状况的,是比较稳妥可靠的。”尹卫生(1992)认为积累性财政支出的数量界限是活劳动的必要投入和财政收入中来自第一部类的部分,而来自第二部类的收入减去扩大再生产时对消费资料的需求之后的部分是消费性财政支出的数量界限。

20世纪90年代中期以后,随着市场经济体制的发展,我国学者对财政支出结构的研究立足点也逐渐转向与市场经济体制相适应的财政支出结构。刘一欧(2004)、何盛明(1998)认为“政府应做的,就是财政要干的”。贾康(2001)认为“财政支出的范围与分配顺序,体现政府活动的范围和方向”。

蒋洪(2006)、刘溶沧、赵志耘(1998)指出,政府的财政支出结构受宏观经济调控的影响,也是根据国家各个时期的政治、军事、经济和国防的形势而调整的。张海星(2003)运用1981—2001年的相关数据,对我国财政支出结构与经济增长的关系进行了实证分析,研究分析了每项财政支出对经济增长的影响方式和贡献率,认为我国财政支出结构的优化途径是降低并逐渐取消对竞争性领域的支出和流动资金供应,加大对基础设施建设等的支出;适当压缩工交商事业费和地质勘探费的支出,重点压缩行政管理费和价格补贴,提高对文教科学卫生事业费、社会保障支出、国防支出和挖潜改造和科技三项费用的支出。郝林(2006)对财政支出结构与经济增长的关系做了实证分析,得出的结论是公共投资性质的经济服务类财政支出与经济增长显著正相关,而提供广义人力资本积累的社会服务类财政支出和提供产权保护,生产环境等的行政管理费支出与经济增长负相关。

严成樑、龚六堂(2009)以1997—2007年间我国31个省份的面板数据为基础,考察了生产性公共支出对经济增长的影响。研究发现,生产性公共支出并不一定总是促进经济增长;生产性公共支出对经济增长的影响存在地区差异。这说明适当减少生产性公共支出、增加消费性公共支出可能更有利于促进经济增长。贾俊雪、郭庆旺(2008)以我国29个省份1978—2005年间的数据为基础,通过面板数据模型研究表明,改革开放以来我国政府间总支出和社会性支出责任安排对地区经济增长具有显著抑制作用,经济性和维持性支出责任安排有助于地区经济增长但显著性较差,收入责任安排的影响则较为模糊。这些影响总体上具有显著的非线性特征，且主要与地区经济发展水平和总支出特别是社会性支出责任安排有关:当地区经济发展和总支出特别是社会性支出分权程度超过一定阈值时，适当集权将有助于优化收支责任安排，促进地区经济增长;1994年分税制改革以来，我国总支出和社会性支出责任安排不合理状况得到明显改善，但经济性支出分权和维持性支出集权进程偏快，总体上不利于地区经济增长。

项怀诚(1999)指出，中国财政支出结构优化的重点是，财政应减少在有市场配置的竞争领域的投资，而增加在政权建设、科教文卫、基础设施建设等公共事业的支出。崔宁(2004)、马进(2006)认为我国财政支出结构优化的方向是，第一，排列公共财政需求的轻重次序，确定财政支出结构，也使政府职能能够更好地发挥。第二，根据当前的经济形势，立足于长远发展和经济发展方式转变的需要，重点增加公共投资和科技教育的支出，合理调整生产性支出和消费性支出及内部的比例关系。中国社会科学院财政与贸易经济研究所课题组(2011)认为中国财政支出结构上的偏离，即重视经济服务(特别是经济建设事务)和一般公共服务，而忽视社会性支出的现状，是造成中国社会发展严重落后于经济发展的关键原因之一。对于财政支出结构今后的优化方向，课题组提出，一要稳步退出一般性竞争领域和生产流通环节;二要加大对具有公共物品属性的研究开发和技术创新等环节的投入，以促进自主创新和经济发展方式转变;三要通过支出政策促进资源节约和环境保护，实行有利于"资源节约型"、"环境友好型"社会建设的财政支出体制。

2.国内学者对县乡财政支出的研究

由于县乡两级政府是最基层的政府，县乡财政也是整个财政构架的基础，不少学者对县乡财政进行了研究。藤霞光(2003)认为，1994年分税制以来，中央与各省间的财政体制日趋完善，财力分配上的焦点矛盾逐步转移到省以下地方各级，尤其是县乡财政运行困难和财力困境引人瞩目。由于体制定权在上，事权与财权分离等这些体制缺陷最后都将集中体现在县乡财政上。县乡财力运行状况影响最为直接，更容易暴露基层财政运行的真实情况。卢英博(2007)认为，财权向上集中，基本的事权却下移，造成县乡支出责任压力过大，义务教育、基础设施建设、环保、民兵训练等主要由县乡财政来承担，进一步加剧了乡镇财政收支平衡的难度。罗丹、陈洁(2009)指出，长期以来，县乡可用财力不够且不稳定、地区差异大、财政支出效率不高，并造成了县乡政府大面积负债；县乡财政自给水平明显下降且困难程度加深，不同县域乡镇之间可用财力相差悬殊，养人负担过重，养事支出所占比重较低等问题广泛出现。

按照分权理论，县乡政府的职能是负责其辖区内所需的公共产品和服务的供给，根据其职能要求确定相应的财政支出。在实际操作过程中，县乡财政的一些职能却有所偏离，比如乡镇财政有跨级行事的情况发生，如通过调整农业生产结构和发展乡镇企业等行为干预农户生产或直接组织经济。这些跨职能的行为在短期内可能会依靠当地拥有的资源和政府掌握的权力取得一定的财政收入，但从长远来看，却阻碍了私人经济发展，干扰了市场秩序，激化了干群矛盾，并给乡镇财政带来了风险。谭秋成(2002)认为，乡镇政府还承担了应由中央政府和上级政府承担的事务。另外，乡镇财政还存在着滥用财政资金及财政支出效率低等问题。

周业安(2000)认为乡镇一级财政支出的主要特征是教育费用和行政管理费用占整个支出的主要部分，这不是合理的财政支出结构。原因有两方面，一方面，中央与地方职能划分不清。分税制要求稳定经济职能和再分配职能需要中央来完成，但在运行过程中，地方需要承担充分就业的工作和缩小收入差距的工作。另一方面，行政管理费占财政支出的主要部分是官僚体系的膨胀造成的。张秀英、刘金玲(2004)指出，造成乡镇财政支出过大，出现困境的原因有：公共财政改革滞后，事权大于财权的财政体制原因；农村行政体制改革滞后，机构庞大，人浮于事，政府职能经常越位的行政体制根源。

刘尚希(2008)指出，应通过建立财力与事权相匹配的财政体制，尽快建立辖区的财政责任机制等体制改革解决县乡财政困难。罗丹、陈洁(2009)合理定位县乡政府职能，调整政府间财政收入划分方式，加大对县乡的转移支付力度，完善财政支出方式等措施是化解中国县乡财政困难的有效途径。

1.2 政府职能理论的争论

亚当·斯密在《国民财富的性质和原因研究》一书中,对政府职能的论述是:“每个人只要不破坏法律,就让他完全有自由用自己的方法自行谋利,并运用他的勤劳和资本同任何别人或其他阶级相竞争,监督私人产业以及指导它最适合于社会利益的职能,当权者应当完全解除”。在发挥这种职能时,易遇到很大困难,并易陷入不知如何作为的困惑境地,用人类智慧和知识也难以良好运行,所以,亚当·斯密认为政府的职能是非常有局限性的。“依据天然自由的制度,当权者只要尽3种职责,这3种职责虽很重要,但都是一般人所能理解的:第一是保护社会不受另外社会的破坏和侵犯的职责;第二是尽可能地保护每个社会成员不受其他成员的侵害或压迫的职责,或者说是建立一种严格的司法行政的职责;第三是建立并维持某些公共工程和公共设施的职责,这种工程和设施的利润,由大社会经营时,虽常是补偿所费而有余,但若由个人或少数人经营,就决不能补偿所费,所以它的建设和维持,就绝不是个人或少数人的谋利行为所能办到”。

以哈耶克为代表的新自由主义,以弗里得曼为代表的货币主义和以卢卡斯等人为代表合理预期学派都推崇“看不见的手”的理论,不提倡国家干预经济,主张经济自由主义。亚当·斯密也认为,这只“看不见的手”可以自发调节经济发展和配置社会资源,只要在完全市场竞争的条件下,“看不见的手”的调节作用可以使经济快速发展,社会资源配置达到“帕累托”最优。而政府的干预通常达不到理想效果,因为市场机制的调节作用往往比政府干预能更有效率地达到目标。这种推崇经济自由主义,不提倡政府干预的理论,是以完全竞争的市场秩序为前提,以自由竞争的资本主义为背景,以完全竞争市场的运行一定能达到预期结果为假定。在这样的前提、背景和假定下,政府需要做的,只是一个好的“守夜人”或“裁判员”,划清每个经济体的权益范围,确保每个经济体能够按照志愿交换的原则办事。政府完全不用担心资源配置,收入分配的问题,按照市场机制的调节作用,市场上的交易者都按照追求自身最大利益的经济人的原则办事,经济运转就达到了最优状态。但是,在现实经济中,这种前提、背景和假定很难达到。所以，只依靠这只"看不见的手"很难达到想象中的经济快速发展，资源配置最优的局面，因为市场机制不是完美的，有缺陷存在。

"市场失灵"的出现和大规模经济危机的爆发，都是"市场缺陷"的体现，也动摇了古典学派对市场调节可自动达到"帕累托最优"的理论。人们开始逆向思考，通过政府这只"看得见的手"来实现市场机制自身不能实现的最优状态，这一思想的代表是凯恩斯主张的国家干预主义理论。凯恩斯论证了只有通过政府对市场的干预，才能使市场有效调节供给和需求总量，在生产力充分发挥的条件下达到平衡，实现充分就业。凯恩斯提倡在政府进行市场干预时运用财政政策，即运用政府的财政收入和支出来调节经济。所以，凯恩斯主义主张的政府职能是在亚当·斯密的基础上，增加了亚当·斯密认为政府不该做和做不好的职能，政府干预市场的职能，也为政府扩大职能，增加财政支出奠定了理论基础。

国家干预经济主义经过在资本主义世界几十年的实践，滞涨、政府公共部门膨胀、经济效益降低、财政支出不断扩大等问题纷纷出现，人们对国家干预可以弥补市场缺陷又开始了怀疑和思索。市场失灵引起资源配置效率低下，为政府干预经济迎来了契机，但政府干预经济后也未必能使经济达到最优。通过政府干预经济来有效避免市场缺陷，以达到资源配置最优也没有成为现实。因此，其后较长的一段时期里，"市场失败论"与"政府计划失败论"的观点，在理论界都不同程度地存在。

"市场失灵"与"政府失灵"的观点都有在理论上合理的部分，即市场与计划都不能解决一切问题。但是，把市场的调节作用和政府的干预经济作用统统否定是不切实际的。其实，无论是市场机制还是政府干预机制对经济发展的作用都不是绝对的，要根据当时的社会经济条件来决定哪种路径能促进经济的快速发展和资源的有效配置。如果市场非常完善，市场信号弹性大，则市场调节对经济发展的效果应大于政府干预；如果市场机制不完善，或者市场调节所引起的波动和支付的成本超过了社会承受能力，则政府采取合理的措施进行干预要比市场的调节作用更有效。

供给失衡的前提下实施的，尤其是财政分权没有法制保障，相较于行政垂直集权，分权制度本身没有形成规范的体系，易造成各级政府对事权的推诿和矛盾，政府行为的商业化和机会主义倾向以及政府预算约束的软化等深层次问题。

1.3.3 分权与地方公共物品供给

张军等(2007)利用模型研究了改革以来中国的基础设施的存量变化和地区差距，结论是当经济发展水平、金融深化改革以及其他因素被控制后，诠释中国基础设施投资决定的重要因素是地方政府之间在“招商引资”上的标尺竞争和政府治理的转型，这意味着分权、Tiebout 竞争、向发展式政府的转型对改进政府基础设施的投资激励至关重要。赵文哲(2008)认为财政分权给予了地方政府财政支出方向上的更大的自主性，公共支出的某些类型有助于前沿技术进步的提高和人力资本的积累。郭庆旺、贾俊雪(2010)构建一个最优地方政府支出规模的理论模型，探寻财政分权和政府组织结构对地方政府支出规模的影响机理，并据此构建计量模型，利用 1997—2005 年间我国县级面板数据进行实证分析。研究表明，纵向政府级次减少和辖区政府数量增加对县级地方政府支出规模均具有显著的负效应，“撤乡并镇”改革对县级地方政府支出规模具有显著的滞后负效应。财政支出分权对县级地方政府支出规模具有显著的正效应，财政收入分权则具有显著的负效应。县级财政收入中很大一部分来自转移支付，中央政府的向下转移支付促进了非经济性公共物品的有效供给，这支持了中央集中一部分收入再返还给地方的必要性(范子英等，2009)。

也有学者认为，分权对经济性公共物品的供给起激励作用，而对非经济性公共物品的供给起负面作用。傅勇、张晏(2007)指出中国式分权的核心是经济分权同垂直的政治管理体制的紧密结合。他们利用 1994—2004 年的省级面板数据进行实证检验，发现中国的财政分权以及基于政绩考核下的政府竞争形成了“重基本建设、轻人力资本投资和公共服务”的非正常地方政府公共支出结构。邓可斌、丁菊红(2009)利用中国省级面板数据，构建动态结构模型，证实了分权对"硬"公共品[①]供给有促进作用，对"软"公共品供给有不利影响。分权使非经济性公共物品供给的效率下降，而不是公共投入本身，要改善一些非经济性公共物品的供给，重点不在于抛弃分权体制，而在于增加其合意性(傅勇，2010)。

1.4　"省管县"与"扩权强县"财政体制探索研究

1.4.1　"省管县"财政体制研究

贾康和白景明(2004)指出，对于省级以下财政体制的问题，是县乡财政困难、"三农"问题和政府体制(省以下)问题相互交错的结果，是基层财政问题复杂性的体现。要想摆脱这些困境，先要找到制度的缺陷，进行制度的创新，财政体制的改革。贾康(2007)指出，自 1994 年实行分税制以来，已有 10 多年的时间，但省级及以下的 4 个层级财政至今还没有真正发展到分税制状态。省级及以下 4 个层级的现实导致了对分税制进行贯彻的不兼容性。基层财政困难的根本在于事权和财权的不对称，即事权过大，财权过小。解决基层财政困难的方法就是创新财政体制，规范政府间财政的关系。创新财政体制，第一是逐步撤销"市管县"体制，推行"省管县"体制，第二是改革乡镇体制。政府体制重新改革后，将由原来的五级体制变为三级体制。财政体制也将随着行政体制的变革而重新设计，从五级财政变为三级财政。孙开(2004)也提到，地方政府要取消或虚设地级市，推行省—县(市)二级制。王海燕(2007)指出，要解决省级以下政府的财政问题，完善其分权策略，就要取消市管县体制，确立省管县体制，弱化地级市政权，把其演化为省级政府的派出机构，把乡镇一级政权演化为县级政府的派出机构。实行三级行政架构的行政体制，有助于稳固财政体系的基础，县级财政作为基层财政建成职能完善和功能齐全的财政层级，也有助于减少上下层级之间摩擦而产生的行政成本，结束行政机构结构过于

① "硬"公共品是指高速公路、轨道、机场及城市公用事业；"软"公共品是指医疗、教育、卫生等。

复杂,养人过于繁多的局面。文章还指出,改革不仅以解除县乡财政收支矛盾为目标,更重要的是要完善基层政府职能,构建合理的税收体制,完善转移支付制度,建立一个规范有效运转的基层财政体制。

陈纪瑜等(2007)认为,省管县财政体制的改革,不单纯是地方财政体系集权和分权的问题,更重要的是最优规模的确定。财政体制的扁平化,有助于分税制的完善,地方财力分配均衡化和公共服务均等化,更有利于提高地方财政服务的完整性和运营效率。操世元和姚莉(2007)深入研究了省管县改革的动力因素,提出了市级利益维持、行政区划划分和电子政务建设等建议。

贾康(2010)提出我国的"省直管县"改革可分 3 步走:第一步,像目前各省的改革试点那样,省对有条件的县的财政进行直管,并适当下放经济管理权,但仍维持市对县的行政领导地位,市县行政不同级,但"财政同级"。第二步,把财政省直管县扩大到本省辖区全部县。第三步,市和县分治,相互不再是上下级关系,统一由省直管,重新定位市和县的功能;市需合理调整机构和人员,总的方向应当是撤销传统意义上的管县的市(人员级别可保留),市县同级、分置,财政和行政的省直管县都到位。刘尚希(2010)认为推进"省直管县"改革不可搞一刀切,要针对不同的地区采取不同的改革方式,条件成熟的地方可以考虑县改区,同时加强省级政府对市县区域发展统筹的指导和协调。

刘佳等(2011)通过静态模型发现,省直管县改革的整体财政政策效应明显,显著提高了县级政府的财政自给能力。省直管县改革将更多的财政收支权力下放给县级政府,减少了市级政府对县级政府的财力挤占,有利于增强县级政府的财政自给能力,从而改善县级财政困难局面。动态模型发现,省直管县改革的正向影响逐年递减,仅改革当年的回归系数是正向的且未通过统计显著性检验,改革后的其他所有年份均与财政自给率负相关。这说明省直管县改革的政策效应主要表现在改革当年,且改革整体效应表现出较强的边际效益递减趋势。

李一花等(2014)认为:"省直管县"的财政体制改革一定程度上改变了县级财政支出的空间互动程度,但未改变其互动性质,各县之间的财政支出仍然实行着互补性的竞争策略。一般预算收支分权和自主权对经济发展具有重要意义，而全口径的分权指标对经济增长的效果变得复杂和不确定。如果将收支分权进行对比，支出分权指标的回归系数均大于收入分权指标，这说明上级转移支付对地方财政运转和经济增长发挥着比较重要的作用。

1.4.2 "扩权强县"的实践探索

张占斌(2005)指出"扩权强县"应是"省管县"前的有序过渡，也是让县级县域经济挣脱"市管县"体制的一项改革。"扩权强县"改革也是伴随着省管县改革而来的，也是对市管县体制改革的一个重要举措。"扩权强县"对于减少行政层级、降低行政成本、统筹城乡发展、维护基层组织利益等方面具有重要的作用。刘卫东(2007)认为，"扩权强县"是以行政分权、财政分权为背景的，这不是一个单纯的由上至下放权的过程，而是涉及公共产品理论、税收理论、行政管理理论、公共选择理论和公共债务理论等众多理论的复杂改革问题。

所谓"扩权强县"，是指数年前就开始在浙江等地实施的一种政府财政体制改革，这一改革的核心内容就是通过扩大县一级政府的相关权力，以使县一级政府具有更大的自主权，从而为实现县一级政府的经济发展和社会管理职能奠定基础(纪良纲等，2008)。王清平(2009)认为"扩权强县"的直接效应是使地、市级政府的财政职能减弱，使中间管理环节减少，有效防止了管理效率低的现象。通过推进"扩权强县"，发展一批经济实力强、发展速度快、带动能力强的强县，拉动地方经济的快速平稳高效发展，促进城乡地区协调发展和区域经济平衡发展。这不仅是对行政管理体制改革的新探索，制度创新的新尝试，还给县域经济的发展提供了更广阔的平台，对提高人民生活水平，建设小康社会都起到了积极的作用。

邢伟(2010)认为"扩权强县"制度的推行，能有效清除制约发展的管理体制、运行机制障碍，是行政运行机制、体制建设的新机遇。通过试点，可以在实践中探索和优化工作体制、机制和人员组织等内部机构。扩权后，县级的绝大多数业务都是与省直部门工作的直接对接，可以减少行政成本，提高政务服务水平和办事效率。

现阶段各地“扩权强县”改革的推进程度和实施措施不同,但改革思路基本一致,大致有3点。第一,把一些本来由地市级政府掌管的行政审批权下放到县,扩大县级政府的自主权。第二,在财政体制上适当扩大县级政府的财权。第三,在确定“扩权强县”的试点县时,重点选择经济实力强、发展潜力大的县,同时兼顾中等水平县和贫困县。“扩权强县”改革是把部分行政审批权和财权由地级市政府下放到县政府,增加县级政府的自主权。大部分被确定为“扩权强县”改革试点的县都是经济发展强县。不同地区对“扩权强县”改革推进的措施和力度各异。

1.5 小结

综上所述,从已有研究来看,财政支出结构理论的发展在西方已经经历了近400年的时间,也日趋完善。进入20世纪80年代以后,西方学者更多地借助计量经济模型,从数学的角度通过研究财政支出规模及结构与经济增长的关系,来确定财政支出结构的调整方案,结果也各有不同。我国当代财政学者对财政支出结构的研究,主要集中在财政支出结构与经济发展的关系上。他们借鉴西方财政学家的研究成果,通过绩效评价体系,实证研究及回归分析等方法,来探寻优化财政支出结构的具体思路。政府职能理论表明,如果市场非常完善,市场信号弹性大,则市场调节对经济发展的效果应大于政府干预;如果市场机制不完善,或者市场调节所引起的波动和支付的成本超过了社会承受能力,则政府采取合理的措施进行干预要比市场的调节作用更有效。在分权理论中,“中国特色的联邦主义”认为,行政分权把经济管理权限的下放与财政包干为特征的财政权限的下放,较大地提高了中国地方政府维护市场的积极性,促进了地方经济的发展。因此,该理论也被称之为市场维护型联邦主义。在分权之后,地方政府的增长激励之所以保持了相当程度的稳定,主要是因为财政分权与政治集权的结合,也就是说,正是由于对某种形式政治集权的依赖,才使得联邦制能获得分权的经济收益。通过分配财政政策的集权制度都将引起地方政府提高增长率并对配置资源方面产生消极的动力。在对县级财政的研究上，学者普遍认为财政支出结构与政府职能、经济发展水平、支出总量等息息相关，财政支出的主要问题出现在乡镇政府职能偏离，乡镇财政支出效率低下甚至滥用财政资金。“省管县”和“强县扩权”改革模式可以缓解县乡财政问题，此改革模式使财政体制的扁平化，有助于分税制的完善，地方财力分配均衡化和公共服务均等化，更有利于提高地方财政服务的完整性和运营效率。

赋税是政府机器的经济基础。

——《马克思恩格斯全集》第 19 卷

第 2 章　影响财政支出结构的系统因素

本章对影响我国县级财政支出的主要因素做出分析，对相应因素进行归纳总结。重点研究县级财政支出结构系统的内涵及特征，县级财政支出的一般分类及相应结构，影响县级财政支出结构的主要因素和问题，县级财政支出结构的效应等 4 大类问题，在以上研究的基础上，归纳总结出财政支出结构的合理性判定，为下一步实证分析做出铺垫。

2.1　财政支出结构系统的内涵及特征

财政支出也称政府支出或者公共支出，是指政府为完成其职能，取得所需要的商品和劳务而进行的财政资金的支付，是保证政权建设的物质基础，也是政府进行资源配置、实施宏观调控，促进产业结构合理有效配置的重要途径。财政支出是以国家为主体、以财政的事权为依据进行的一种财政资金分配活动，集中反映了国家的职能活动范围及其所发生的耗费。在分析财政支出结构的系统因素之前，有必要掌握和理清（政府）财政支出的内涵和结构特征。

2.1.1　财政支出的内涵

一方面，财政支出作为政府运转的一个重要组成部分，是政府实现调节经济职能的主要手段，也是社会经济中财政作为外生影响因素的重要体现。另一方面，财政支出的规模和结构，不仅体现了政府参与社会经济的广度、深度和力度，也直接决定了政府在社会经济和生活中的作用和地位。政府财政支出的主要任务是使社会资源的配置在公共部门和私人部门之间实现最优化，使社会也通过这些最优配置的使用达到效益最大化；由财政支出供给的劳务和补助，其产生的效益使资源配置在社会居民中达到公平，实现社会资源在各阶层居民中的合理分配；通过财政支出的调节作用，能使社会需求总量更加合理，促进社会经济平稳快速健康发展。另外，从宏观经济分析角度上看，政府通过对财政支出项目规模的调整来影响社会总需求，从而影响经济总量，通过对公共财政支出结构的控制，直接或间接地影响社会经济结构的各方各面，包括产业结构、社会事业构成等。

2007 年以前，政府财政支出的划分有几种方法。第一种是按政府职能划分，政府职能有经济服务、社会服务、行政管理和其他职能 4 个方面，相应地公共财政支出可分为经济建设支出、社会文教支出、国防费支出、行政管理支出和其他支出 5 类，每一项支出又分为若干小类。如社会文教支出包括教育、文化、科学、卫生、出版、通讯、广播、图书、文物、体育、地震、海洋、计划生育等方面的人员经费、业务经费、专项经费、培训经费等（图 2-1）。第二种是按经济性

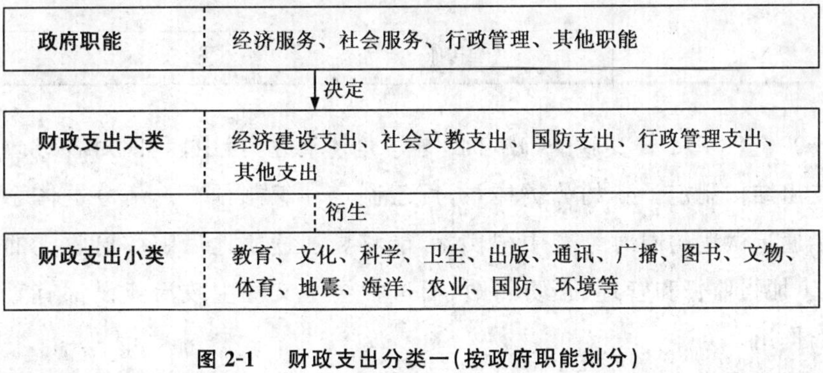

图 2-1　财政支出分类一（按政府职能划分）

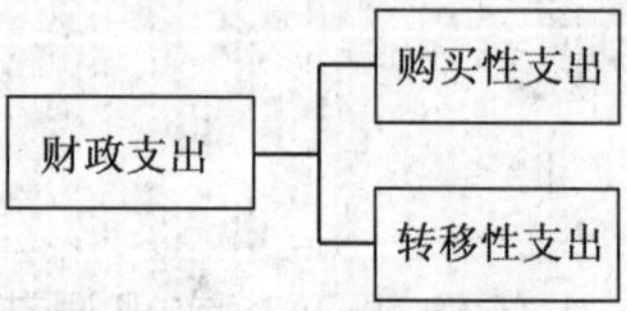

图 2-2 财政支出分类二
(按经济性质划分)

质划分,可以把财政支出分为购买性支出和转移性支出(图 2-2)。第三种是按照用途划分,财政支出被划分为基本建设支出、行政管理费、文教科学卫生事业费、挖潜改造资金和科技三项费用、支援农村生产支出和各项农业事业费、抚恤和社会救济费、工交商部门事业费、价格补贴支出、地质勘探费、国防费、流动资金等,这种方法是我国公共支出划分主要使用的方法(表 2-1)。

表 2-1 财政支出分类三(按用途划分)

财政支出	基本建设支出
	行政管理费
	文教科学卫生事业费
	工交商部门事业费
	挖潜改造资金和科技三项费用
	价格补贴支出
	抚恤和社会救济费
	地质勘探费
	国防费
	支援农村生产支出和各项农业事业费
	流动资金
	其他

2007 年 1 月 1 日实施的《政府收支分类改革方案》中,我国对各级政府的财政支出结构制定了新的分类体系,用于制定和编制预算。新分类体系在借鉴国际通行做法的同时结合中国实际,能够更加透明地反映政府收支的全过程,对于加强监督和管理、预防腐败、促进社会主义民主政治建设都有着不可忽视的作用。

新的分类体系改变了原来按照经费性质设置科目的方法，而是按照政府的职能和活动设置类、款、项 3 级，类及科目反映政府的某一项职能，款级科目反映完成某项政府职能所进行的某一个方面的工作，项级科目反映某一方面工作的具体支出。采用新分类体系后，政府的经费用在了哪里，在财政预算上就能清楚地反映出来。新分类体系又分为 2 种分类方法，第一种是按支出功能分类，支出功能分类主要反映政府活动的不同功能和政策目标。根据国际通行做法和我国社会主义经济建设中政府职能的实际情况，将政府支出分为类、款、项，分别为 17 类、170 多款、1 100 多项。包括一般公共服务、公共安全、农林水事务、教育、科学技术、文化体育传媒、社会保障和就业、社会保险基金支出、医疗卫生、环境保护、交通运输、外交、国防、城乡社区事务、工业商业金融等事务、其他支出和转移性支出。第二种是按支出经济分类，支出经济分类主要反映政府支出的经济性质和具体用途，支出的经济分类设类、款两级，分别为 12 类和 90 多款。主要包括：工资福利支出、商品和服务支出、对个人和家庭的补助、对企事业单位的补贴、转移性支出、赠与、债务利息支出、债务还本支出、基本建设支出、其他资本性支出、贷款转贷及产权参股和其他支出（表 2-2）。

2.1.2　财政支出结构的内涵

财政支出结构的内涵，不同的学者有着不同的认识，有学者认为财政支出结构是在财政支出总额中各类支出所占的比重。也有学者认为，财政支出结构是政府财政支出的构成及其内部的相互关系。总之，一般把财政支出结构看成是一种比例或比重关系，一种构成。笔者认为，这些对财政支出的定义是片面的。财政支出结构是指政府在一定的经济体制和财政体制下，在财政资金分配过程中，财政支出诸构成要素相互联系、相互作用的内在关系和空间表现。财政支出包括基本建设支出、企业挖潜改造支出、城市维护支出、支援农村生产和不发达地区支出、各种事业性支出、行政管理支出、社会保障支出和抚恤救济支出等。对财政支出结构概念的理解，需从质和量两方面入手。第一，

表 2-2　财政支出分类四(2007 年后的新分类)

	按支出功能分类	按支出经济分类
财政支出	一般公共服务	工资福利支出
	公共安全	商品和服务支出
	农林水事务	对个人和家庭的补助
	教育	对企事业单位的补贴
	科学技术	转移性支出
	文化体育传媒	赠与
	社会保障和就业	债务利息支出
	社会保险基金支出	债务还本支出
	医疗卫生	基本建设支出
	环境保护	其他资本性支出
	交通运输	贷款转贷及产权参股
	外交	其他支出
	国防	
	城乡社区事务	
	工业商业金融等事务	
	其他支出和转移性支出	

财政支出结构同时具备财政支出质的规定性和量的规定性。质的规定性体现了支出结构的基本特点,量的规定性体现了支出组成部分之间的相互比例。财政支出结构与政府职能是相互影响的,政府职能主导着财政支出结构,而财政支出结构又反映了政府的相关职能。第二,财政支出结构同时具备稳定性与变动性。在一定的时期内,财政支出结构是相对稳定的。其内部各种制衡力处于一种相对平衡状态,呈现出稳定的状态。但是对长时期来讲,财政支出结构又是在不断变动的。各种社会、政治、经济和文化因素的改变,会引起财政支出结构的相应改变。第三,财政支出结构具备多样性和多层次性的特点。按照不同的划分形式,财政支出结构就会有不同的分类,这体现了财政支出的多样性和多层次性。财政支出结构又可根据政府

结构被划分为几个有机联系的层级，如现行的中央、省、市、县、乡5级支出，体现了财政支出的多层次性。

如表2-3所示，我国不同层级的财政支出中，在2003—2008年间地方支出占财政总支出的比例在70%～80%。在地方支出中，县级财政支出是重头戏并呈逐年递增趋势，到2008年达43.1%，县乡支出合计更是达到49.9%，占到了地方财政支出的近半壁江山。由此可见，县乡两级财政支出结构对总支出结构也至关重要。

表2-3　2003—2008年不同层级财政支出占总财政支出比重　　%

地区	2003年	2004年	2006年	2007年	2008年
中央	30.1	27.7	24.7	23	21.3
地方	69.9	72.3	75.3	77	78.7
地方合计	100	100	100	100	100
省级	26.4	25.9	24.3	23	22.7
地级	30.8	30.7	29.9	28.8	27.4
县级	33.5	34.9	38.3	41.2	43.1
乡级	9.2	8.5	7.4	7.0	6.8
县乡合计	42.7	43.4	45.7	48.2	49.9

资料来源：根据《中国财政统计年鉴》有关数据整理。

2.1.3　财政支出结构的特征

财政支出的特征是由财政支出的特点和财政制度决定的。财政支出的基本特点，就是建立在私人部门资源配置基础上的，政府实现其调节市场失灵领域和满足社会共同需要的领域职能的手段。因此，公共财政支出具有以下特征：

一是政府控制性。政府是财政支出的主体，对财政资金进行拨付，这也决定了政府对财政支出结构拥有直接的控制性，这也是财政支出结构不同于其他各种经济结构之处。对于社会发展而言，政府直接控制财政支出结构有益处也有弊处。有利之处是政府能够站在总体的角度，为社会事业的有序健康发展统筹安排。弊处就是政府可以按其意愿对财政支出结构进行调节，有可能导致在对财政支出结构的决策中受到领导者个人的意愿的影响,使政策产生偏离。

二是不可分割性。这也是财政支出结构的一个主要特征。财政支出结构作为一个整体,它的每一项内容都是其有机组成、不可分割的一个部分,这也是财政支出结构的不可分割性。组成支出结构的各项内容之间存在内在应力,使得财政支出结构的性质不同于其各项组成要素之间的性质。每项组成要素都不能代表财政支出结构这个整体,而财政支出结构这个整体也不是各项组成要素的简单叠加。财政支出结构是各个要素组成的有机统一体,具有不可分割性,在研究中要把它看作一个整体,去探寻其特点和规律。

三是可调节性。财政支出各构成要素及其内在关系不会一成不变,而是随着外界因素的变动而不断改变,这就决定了财政支出结构可以根据社会政治、经济和文化等因素的改变而进行调节,以促进社会的发展。对支出结构的调节,既可以进行质的调节,也可以进行量的调节。量的调节是在支出组成要素科目不变的情况下,在要素之间的数量(绝对量和相对量)上的调节;质的调节是支出组成要素的调节,是为了适应社会发展新情况的需要,增加新的组成要素,取消已不再需要的组成要素的调节过程。不同的经济体制下,财政支出结构有着适合的调节机制。在计划经济体制下,支出结构的调节机制为计划机制,而进入市场经济体制后,支出结构的调节机制也相应地改变为市场机制。合理地调节财政支出结构,才能使财政支出结构更好地为社会发展服务。

财政支出结构的主要特征见图 2-3。

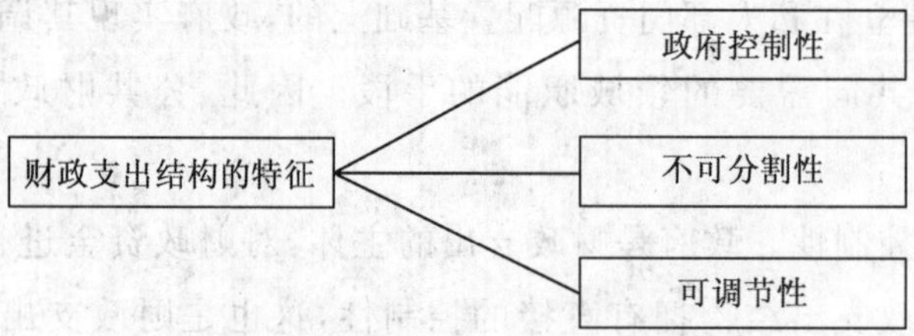

图 2-3 财政支出结构的主要特征

2.2　财政支出的一般分类及相应结构

财政支出的分类是多样化的,没有统一的标准。根据不同的财政制度和不同的政府体系,不同的国家有不同的分类方法。另外,根据不同的研究目的,不同的学者之间看法也各异。根据上述分析,本研究立足前人研究的基础,对我国财政支出的分类吸取了多数学者所认同的分类标准,依据我国现有的财政制度,将我国的财政支出根据具体的社会经济环境,可以有以下几种分类方法:按政府职能分类,财政用途分类,经济性质分类,管理权限分类等,并介绍了国际分类方法。

2.2.1　按政府职能分类

按政府职能分类,就是在财政支出分类时,把政府的职能作为分类的依据。许多西方国家是根据政府的职能和机构来确定财政支出预算项目的,即有什么职能设置什么支出项目,有多少机构设多少支出项目。国际货币基金组织在《政府财政统计手册》中对市场经济国家按职能分类的支出主要有:一般政府服务、公共和社会服务、经济服务、其他职能等 4 类。虽说各国情况各异,但归纳起来,总体内容有如下几项:一般性公共服务支出、国防支出、公共安全支出、文教科技支出、社会保障及福利支出、医疗卫生支出、住房与环境支出、经济服务支出、其他支出等。财政支出的结构与政府的职能存在着密切的关系,如果把政府职能划分为两大类,即经济管理职能和社会管理职能,那么,国家的财政支出就可以分为经济管理支出和社会管理支出。前者主要是经济建设支出,后者主要是行政管理支出、科教文卫支出、国防支出和其他支出。这样,财政支出可以分为经济建设支出、行政管理支出、科教文卫支出、国防支出和其他支出 5 大类(图 2-4、表 2-4)。也有的学者把财政支出分为投资性支出、科教文卫等事业支出、国家行政费用支出、各项补贴支出和其他支出等。在各国的预算编制中,大都采用政府职能这种分类方法,它将财政支出与政府职能联系起来,便于分析公共部门职能及其重点,且分类比较详尽,方便于各类经济分析。根据我国预算编制体系,2007 年以前,财政支出分类如下:

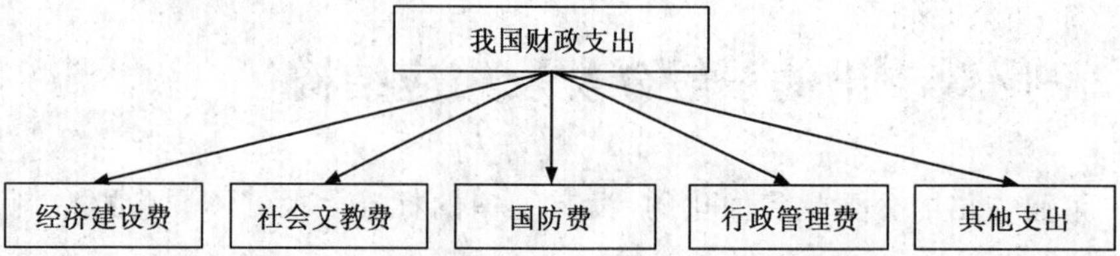

图 2-4　按政府职能分类的我国财政支出结构

表 2-4　五大类财政支出具体内容

经济建设费	基本建设投资支出、国有企业挖潜改造资金、科学技术三项费用(新产品试制费、中间试验费、重要科学研究补助费)、地质勘探费、增拨国有企业流动资金、支援农村生产支出、城市维护费支出、抚恤和社会福利救济费支出等
社会文教费	用于文化、教育、科学、卫生、出版、通讯、广播、文物、体育、地震、海洋、计划生育等方面的经费、研究费和补助费等
国防费	各种武器和军事设备支出、军事人员给养支出、有关军事的科研支出、对外军事援助支出、民兵建设事业费支出、用于实行兵役制的公安、边防、武警和消防队伍的各种经费、防空经费等
行政管理费	用于国家行政机关、事业单位、公安机关、司法机关、检察机关、驻外机构的各种经费、业务费、干部培训费等
其他支出	更新改造、大修理、养路费、城市维护费、增补流动资金、基本建设、福利奖励支出、行政事业支出等

(1)基本建设支出　指按国家有关规定,属于基本建设范围内的基本建设有偿使用、拨款、资本金支出以及经国家批准对专项和政策性基建投资贷款,在部门的基建投资额中统筹支付的贴息支出。

(2)企业挖潜改造资金　指国家预算内用于企业挖潜、革新和改造方面的资金。包括各部门企业挖潜改造资金和企业挖潜改造贷款资金,为农业服务的县办"五小"企业技术改造补助,挖潜改造贷款利息支出。

(3)地质勘探费用　指国家预算用于地质勘探单位的勘探工作费用,包括地质勘探管理机构及其事业单位经费、地质勘探经费。

(4)科技三项费用　指国家预算用于科技支出的费用,包括新产品试制费、中间试验费、重要科学研究补助费。

(5)支援农村生产支出　指国家财政支援农村集体各项生产的支出。包括对农村举办的小型农田水利和打井、喷灌等的补助费,对农村水土保持措施的补助费,对农村举办的小水电站的补助费,特大抗旱的补助费,农村开荒补助费,扶持乡镇企业资金,农村农技推广和植保补助费,农村草场和畜禽保护补助费,农村造林和林木保护补助费,农村水产补助费,发展粮食生产专项资金。

(6)农林水利气象等部门的事业费用　指国家财政用于农垦、农场、农业、畜牧、农机、林业、森工、水利、水产、气象、乡镇企业的技术推广、良种推广(示范)、动植物(畜禽、森林)保护、水质监测、勘探设计、资源调查、干部训练等费用,园艺特产场补助费,中等专业学校经费,飞播牧草试验补助费,营林机构、气象机构经费,渔政费以及农业管理事业费等。

(7)工业交通商业等部门的事业费　指国家预算支付给工交商各部门用于事业发展的经费,包括勘探设计费、中等专业学校经费、技术学校经费、干部训练费。

(8)文教科学卫生事业费　指国家预算用于文化、出版、文物、教育、卫生、中医、公费医疗、体育、档案、地震、海洋、通讯、电影电视、计划生育、党政群干部训练、自然科学、社会科学、科协等事业的经费支出和高技术研究专项经费。主要包括工资、补助工资、福利费、离退休费、助学金、公务费、设备购置费、修缮费、业务费、差额补助费。

(9)抚恤和社会福利救济费　指国家预算用于抚恤和社会福利救济事业的经费。包括由民政部门开支的烈士家属和牺牲病残人员家属的一次性、定期抚恤金,革命伤残人员的抚恤金,各种伤残补助费,烈军属、复员退伍军人生活补助费,退伍军人安置费,优抚事业单位经费,烈士纪念建筑物管理、维修费,自然灾害救济事业费和特大自然灾害灾后重建补助费等。

(10)国防支出　指国家预算用于国防建设和保卫国家安全的支出,包括国防费、国防科研事业费、民兵建设以及专项工程支出等。

(11)行政管理费　包括行政管理支出,党派团体补助支出,外交支出,公安安全支出,司法支出,法院支出,检察院支出和公检法办案费用补助。

(12)价格补贴支出　指经国家批准,由国家财政拨给的政策性补贴支出。主要包括粮食加价款,粮、棉、油差价补贴,棉花收购价外奖励款,副食品风险基金,市镇居民的肉食价格补贴,平抑市价肉食、蔬菜价差补贴等以及经国家批准的教材课本、报刊新闻纸等价格补贴。

这种方法便于正确安排各项支出,及时组织资金供应,也便于对各种资金进行管理和监督。但各项目之间有交叉,不利于部门预算的编制,比如教育部门的基本建设支出不包含在教育事业费类中,而是单独统计,而且它与国际组织的分类不一致,不利于比较和国际交流。政府为了完善预算管理制度,使政府预算更加透明、清晰,从制度上治理腐败和社会主义民主政治建设,2007 年 1 月 1 日实施新的《政府收支分类改革方案》,以构建新的政府收入分类体系、支出功能分类体系和支出经济分类体系为内容,这次调整是新中国成立以来我国财政收支分类统计体系的一次最重大的调整,也是我国政府预算管理的一次深刻变革。各级政府的财政支出结构采用了新的分类体系,用于制定和编制预算。

2007 年 1 月 1 日实施的《政府收支分类改革方案》中,各级政府的财政支出结构采用了新的分类体系,用于制定和编制预算。新的收支分类方式设置的支出功能分类,是根据我国政府职能构成的特点,又借鉴了国外支出的职能分类办法而制定的。按功能分类的支出科目为:一般公共服务,外交,国防,公共安全,教育,科学技术,文化体育与传媒,社会保障和就业,社会保险基金支出,医疗卫生,环境保护,城乡社区事务,农林水事务,交通运输,工业商业金融等事务,转移性支出,其他支出。支出经济分类的设置如下:工资福利支出,商品和服务支出,对个人和家庭的补助,对企事业单位的补贴,转移性支出,赠与,债务利息支出,债务还本支出,基本建设支出,其他资本性支出,贷款转贷及产权参股,其他支出。

新的政府收支分类体系比原分类体系更能直接地反映政府收支全过程和职能执行情况,是国际通行分类方法与中国财政实际情况的有效结合,符合我国市场经济条件下财政分类的具体要求。有利于政府提高预算透明度,提高预算监督力度,更好地预防腐败,加快民主政治建设等。

2.2.2　按具体用途分类

按财政支出的具体用途分类的主要理论依据是社会产品价值构成理论。出于研究的目的和试图从总体上把握财政支出的情况，有的学者根据财政支出的用途，把财政支出分为补偿性支出、消费性支出和积累性支出，这个分类也就是按照用途分类的财政支出结构(图 2-5)。补偿性支出是国家财政用于补偿生产过程中消耗掉的生产资料方面的支出，自从经济体制改革以后，政企关系发生了改变，财政支出结构中补偿性支出大幅度减少。消费性支出是国家财政用于社会共同消费方面的支出，主要包括行政管理支出、国防支出、外交支出、文教科卫支出、社会福利和社会救济支出等。积累性支出是国家财政用于扩大再生产、非生产性基本建设、建立社会后备等方面的支出。这类支出主要包括基本建设支出、增加企业的流动资金支出、国家物资储备支出、支援农村生产支出等。

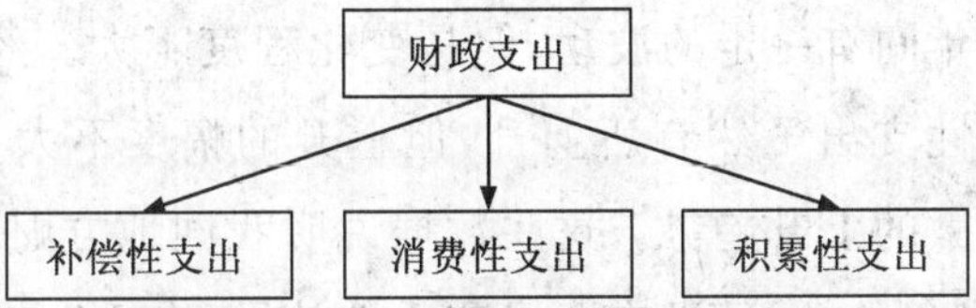

图 2-5　按用途分类的财政支出构成一

根据研究需要，笔者沿用了前人研究中常用的经济性支出、社会性支出和维持性支出的分类方法，将财政支出按照大的用途进行的分类。政府的本质是为社会提供服务，按照政府所提供服务的性质，将其分为社会性服务、经济性服务和维持性服务(图 2-6)。提供这些服务相应的财政支出分别为社会性支出、经济性支出和维持性支出，这 3 种支出的比例关系也构成了财政支出结构。经济性支出指政府用于经济发展方面的支出，通常是生产性的，所以，经济性支出可以直接影响到资源配置的各个方面，与产业活动关系紧密。社会性支出是指用来提供社会性服务的支出，主要用于 3 个方面：文化教育、社会保障(医疗卫生保健和社会保险)以及福利性收入转移(转移支付)。社会性支出的性质是具有“公民权利”性。随着经济的发展，公民的权利意识越来越高，社会性服务也越来越受到公民的重视。维持性支出指政府提供维持性服务,保证国家机器的存在和运作的支出。维持性服务包括一般行政管理、法律与司法以及国防服务等,这类服务是全民需求型服务,比社会性服务的受众要多,即使是最贫困的公民,对此类服务也有基本的需求,属于必需品。所以,公民维持性服务的需求是缺乏弹性的,这就要求政府要不断地提供维持性服务,维持性支出就也必不可少。

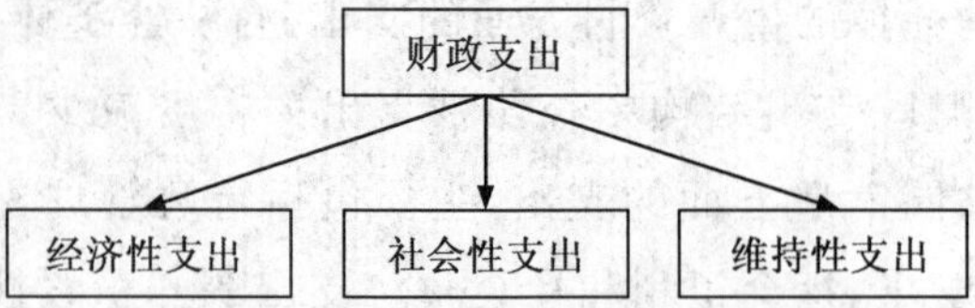

图 2-6　按用途分类的财政支出构成二

按照这种分类方法,从对 1998—2008 年的纵向比较来看,地方财政支出结构在过去的 10 年间有一定的波动,但是变化程度不大。经济性支出有略微的下降趋势,社会性支出虽然有所上升,但上升的幅度不大,维持性支出不但没有下降,还有轻微的上升趋势。这些数据说明我国地方财政在过去 10 年向公共财政转型的脚步趋缓,还没有取得实质性效果(表 2-5)。

表 2-5　财政支出结构特征的纵向变化趋势　　%

项目	1998 年	2000 年	2002 年	2004 年	2006 年	2008 年
经济性支出	22.9	22.70	22.99	21.38	20.73	20.67
维持性支出	20.99	20.83	21.56	22.07	21.09	22.44
社会性支出	39.01	40.30	40.53	39.72	39.76	43.60

资料来源:李永友.公共服务型政府建设与财政支出结构效率.经济社会体制比较,2011(2)。

从横向比较来看,发达地区拥有较多的经济性支出,维持性和社会性支出相对较少。从地区之间的纵向比较来看,中部地区的社会性支出变化最快,10 年间提高了 11.24%。东部和中部经济性支出下降较快,说明这些地区地方政府经济建设职能转变较为明显,而西部地区地方政府的经济建设职能不但没有下降,反而略有提高(表 2-6)。

表 2-6　财政支出结构特征的跨地区比较　　%

地区	经济性支出		维持性支出		社会性支出	
	1998 年	2006 年	1998 年	2006 年	1998 年	2006 年
直辖市	34.81	33.17	14.37	15.96	29.37	31.88
东部	24.21	20.31	21.49	23.39	33.08	37.31
中部	19.04	16.49	21.78	22.06	32.24	43.48
西部	20.29	22.25	25.34	23.12	36.35	40.71

资料来源：李永友.公共服务型政府建设与财政支出结构效率.经济社会体制比较，2011(2)。

2.2.3　按经济性质分类

按财政支出的经济性质分类，可分为购买性支出和转移性支出，其分类的判定标准是财政支出是否进行了商品和服务的交换。购买性支出，是指政府为满足社会公共需要，作为采购者在市场上购买商品和劳务(图 2-7)。政府购买性支出是在市场基本原则的指导下的等价交换，直接影响着消费和生产，对各项经济活动也有着调节作用。也就是说，在一定时期内，政府购买性支出的结构与规模，对市场物价、相关产业发展起着调控作用。通常情况下，不发达国家社会生产力水平低，基础设施需大力建设，国民经济面临工业化的转变，政府购买性支出在财政支出中所占比例较大。

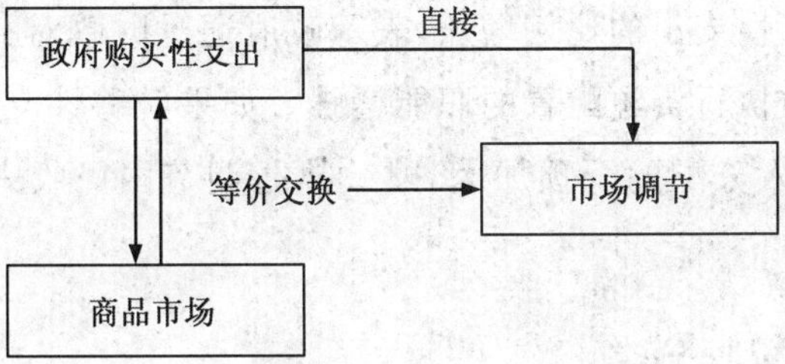

图 2-7　政府购买性支出作用图

转移性支出，是指预算资金单方面无偿转移支出，如社会保障支出、财政补贴等(图 2-8)。由于转移支出是单方面无偿转移支出，转移性支出的这一特征决定了其不可能遵循等价交换的原则，而是实现政府特定的经济社会政策目标的一种手段，主要目的是社会的公平分配。在发达国家，市场机制完善，基础设施相对完备，政府干预市场较少，更多地采用转移性支付，财政分配政策更加倾向于体现社会公平。财政支出按经济性质分类，可以看出政府对市场的干预程度以及财政政策对公平与效率的权衡和选择。

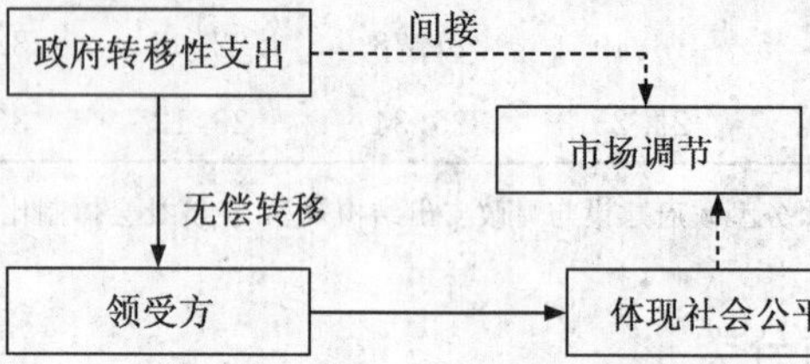

图 2-8　政府转移性支出作用图

总的来说，从经济学理论分析方法上分析，对财政支出按性质被分为购买性支出和转移性支出，这两类支出的影响因素不同，对经济的影响意义也各不相同。购买性支出主要是通过支出使政府直接以商品或劳务的购买者身份出现在市场上，对社会总需求、社会生产和就业都有着直接的作用。只能间接地影响到国民收入的分配。转移性支出主要是通过支出过程使政府所掌握的资金转移到特定的领受者手中，它是资金使用权的转移，是国民收入的再分配，但对社会总需求、社会生产和就业没有直接影响。从政府财政职能的总体方向来看，如果购买性支出的比例增加，表示政府通过财政对社会资源直接配置的力度加大，财政执行资源配置的职能增强。如果转移性支出的比例增加，表示财政对国民收入分配的干预加大，财政执行调节国民收入分配的职能增大（图 2-9）。

2.2.4　按管理权限分类

按财政支出的管理权限划分，可将财政支出分为全国性财政支出和地方性财政支出。其中，地方性的财政支出又可分为省、市、县、乡 4 级。这种划分也界定了中央政府与地方政府的事权与财权。中央财政支出由中央预算安排使用和管理，实现中央政府职能，负责国家安全、外交和中央国家机关运行支出，调整产业结构、协调地区经济发展的支出，以及中央直接管理的事业发展支出。地方财政支出承担本区域内政权机关运行费用，本地区经济、事业发展所需的各类支出等(图 2-10)。

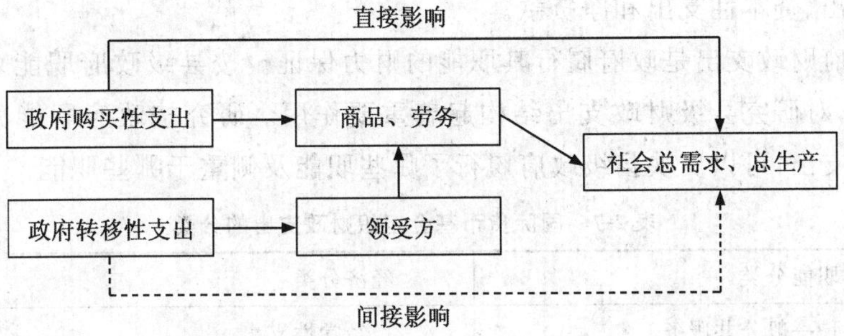

图 2-9　政府购买性支出与转移性支出对社会总需求、总生产的作用

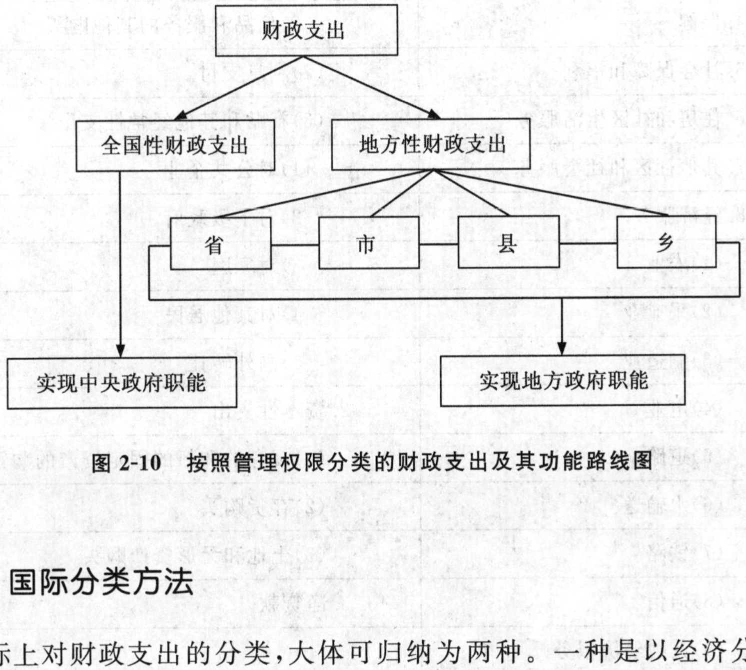

图 2-10　按照管理权限分类的财政支出及其功能路线图

2.2.5　国际分类方法

国际上对财政支出的分类，大体可归纳为两种。一种是以经济分析为目的的理论分类；另一种是以编制国家预算为目的的统计分类。理论分类按照分析目的的不同，通常以政府职能、支出目的、组织单位、支出利益等标准分类。统计分类按照国际货币基金组织的分类方法，有职能分类法和经济分类法。如表 2-7 所示，按职能分类，财政支出包括一般公共服务支出、国防支出、

教育支出、保健支出、社会保障和福利支出、住房和社区生活设施支出、其他社区和社会服务支出以及无法归类的其他支出。按经济分类，财政支出包括经常性支出、资本性支出和净贷款。

政府财政支出是政府履行其职能的财力保证。按县级政府职能划分的财政支出，对研究县级财政支出结构起着重要作用。研究按政府职能分类的县级财政支出，可以反映县级政府履行了哪些职能及侧重于哪些职能。

表 2-7　国际货币基金组织财政支出的分类

职能分类	经济分类
1. 一般公共服务	1. 经常性支出
2. 国防	(1)商品和服务支出
3. 教育	1)工资、薪金以及其他有关项目
4. 保健	2)商品和服务的其他购买
5. 社会保障和福利	(2)利息支付
6. 住房和社区生活服务	(3)补贴和其他经常性支出
7. 其他社区和社会服务	1)对公共企业
8. 经济服务	2)对下级政府
(1)农业	3)对家庭
(2)采矿业	4)对其他居民
(3)制造业	5)国外转让
(4)电业	2. 资本性支出
(5)道路	(1)现存的和新的固定资产的购置
(6)水输送	(2)存货购买
(7)铁路	(3)土地和无形资产购买
(8)通信	3. 净贷款
(9)其他经济服务	
9. 无法归类的其他支出	
(1)公债利息	
(2)其他	

2.3　影响财政支出结构的主要因素

财政支出结构表现着政府的政策方向和意愿，是执行政府职能的有效经济手段。在社会主义市场经济条件下，支出结构是实现社会资源合理配置，调节分配关系的有效方法。但财政支出结构也不是由政府随意制定的，还受很多外在因素的影响，要根据经济发展情况，财政支出总量，制度变迁情况，财政收入状况和财政支出需要等因素来决定。

2.3.1　财政是政府履行职能的重要物质经济基础

在社会主义初级阶段，我国从总体上面临着由不发达的社会主义国家到富强、民主、文明的社会主义现代化国家的历史性转变，这就客观上要求必须有效地发挥政府宏观调控的职能作用，也必然要求能够有效地发挥作为政府直接调控手段的财政支出政策的职能作用，而完全或主要依靠市场机制必将延缓中国现代化、工业化的建设进程。因此，在实现初级阶段“历史性转变”目标的过程中，政府宏观调控及其财政支出政策扮演着十分重要的角色。

根据马克思主义基本原理，财政分配源于政府职能，财政是政府履行职能的重要物质经济基础。由此可见，财政分配与政府职能息息相关。因此，全面理解政府职能，是研究财政支出结构的基础。政府职能可以从以下4点进行理解：一是伴随着社会的发展和生产力水平的不断进步，政府的职能作用也在发生相应的变化，总体趋势是政府职能不断地拓宽，具体来讲，政府的公共职能、经济职能不断加强，而政治职能维持稳定。二是从市场经济发展的角度，政府的宏观经济调控职能逐渐增强。三是中国处于社会主义初级阶段，以公有制为主体，担负着实现市场化、工业化的重要任务，政府的宏观调控的职能化与西方发达国家相比，地位更加显著。四是中国处在由计划经济体制向市场经济体制的转变当中，政府职能有“越位”与“缺位”并存的现象存在，有一些不必要的职能泛滥，而一些需要的职能又缺乏。

财政支出是实现政府职能的重要途径，因此，财政支出结构需要随着政府职能的调整而变化。在中国社会主义市场经济条件下,财政支出结构和政策肩负着以下重要的历史使命:第一,维护公有制经济的主体地位,发展社会主义市场经济。第二,调整产业结构,促进工业化发展。第三,调整分配关系,实现共同富裕。第四,发展科教文卫事业,促进社会协调发展。

2.3.2 财政支出在经济发展的各个阶段具有不同作用

财政支出结构不仅与政府职能有关,而且与经济发展所处的阶段和经济发展程度也息息相关。依照国际经验,不同经济状况的国家,财政支出结构也有区别。发达国家市场经济体制相对完善,社会筹资能力强,政府投资比重也相对较低,主要用于弥补市场缺陷,投资的重点是公共产品,用于建设基础设施,储备战略性物资等。而在发展中国家,政府投资比重相对较高,一个重要原因是发展中国家的基础设施建设需要多于发达国家,基础设施建设一般投资大、周期长、收效慢,私人部门一般不愿意也无能力建设,这就需要政府部门承担起这方面的建设任务。另外,发展中国家正处于经济起飞的重要阶段,许多产业和行业都需要政府投资和扶持,这也造成了发展中国家政府的投资职能更大,范围更广。

2.3.3 财政支出总量与财政支出结构相互联系影响

财政支出总量与财政支出结构相互联系,相互影响。财政支出结构的优化,必须要考虑到财政支出总量这一因素。财政支出总量的扩大是保证财政支出结构合理的前提。第一,在一定时期内,财政支出可能达到的总规模的决定因素,是生产力状况。社会生产总规模和劳动生产率水平决定了一定时期内财政支出可能达到的总规模。第二,财政支出占 GDP 的比重,取决于财政在社会再生产过程中的地位。在社会再生产过程中财政总量是分配公共需要与一般需要之间比重的体现,这也决定了财政在 GDP 中占有的额度。第三,财政支出结构也受社会资源配置优化比例的制约。根据帕累托原理,当社会资源配置达到帕累托境界时,社会再生产也达到最佳比例境界。财政支出结构是社会资源配置的有机组成部分,只有将其按照社会资源配置优化比例进行调整,才能保证社会资源配置达到帕累托境界。

2.3.4　财政支出结构变化反映了制度变迁

制度变迁可分为两种,分别为需求诱致型和供给主导型。需求诱导型是一种自下而上的行为,是指在一定的制度下,社会各个行为主体为了达到自身期望的最大利益而进行的自上而下的制度创新。与需求诱导型相反,供给主导型是由政府主导的,为达到社会利益最大化的,利用行政、法律和经济等手段自上而下推进的制度创新。不论是以哪种方式促成的制度变迁,都会产生利益受益者和利益受损者,利益受损者必须得到相应的补偿,否则容易引起新的不公平和变迁阻力的出现,而私人部门不可能去实施这种补偿,这就决定了政府必须相应增加转移支付和调整支出结构去实施这项补偿。

中国当前正进行着从计划经济体制向社会主义市场经济体制转变的制度变迁,这场制度变迁是渐进式的,是在既有制度上实施的利益调整。在调整过程中,也会相应地出现一些利益受损者,这就要求政府随着制度变迁的推动和发展调整支出结构,一些促进经济体制顺利转轨的必要支出(如各种补贴)给以相应增加。

2.3.5　财政收入是确保财政支出结构合理化的重要条件

没有财政收入就没有财政支出,财政收入是财政支出的先决条件,财政支出规模的大小取决于财政收入的高低。财政收支平衡是一个控制财政风险的基本财政原则,规定了在一定时期内财政收入与财政支出之间的平衡关系,即财政年度平衡与财政周期平衡。财政年度平衡是指在编制年度财政预算时以收支平衡、量入为出为原则,使每年度的财政收支均达到平衡。财政周期平衡理论是指只要求财政收支在一个经济周期内达到平衡状态,而不要求每年度的财政收支均达到平衡。理论认为在一个经济周期内,政府财政可以交替出现赤字和结余,以满足经济周期内不同发展阶段的需求,而从整个周期来看,财政收支应达到平衡状态。这一由美国经济学家P·A·萨缪尔森为代表的西方经济学家提出的理论主要被西方国家广泛认可并采用。

根据财政收支平衡原则,财政收入制约了财政支出总量,进而影响了财政支出结构。财政支出总量对财政支出结构有重要影响,因为财政的各支出项目也有优先序之分,财政支出总量下降,财力将优先供给优先序靠前的支出项目。所以,财政收入决定着财政支出总量,而财政支出总量又是确保财政支出结构合理化的重要条件。

2.3.6 财政支出结构是支出需求在各要素之间分配的结果

财政支出需求是政府在履行其职能的过程中各种需要支出的资金。政府根据职能需要把财政支出总量分配到各个要素中,就构成了财政支出结构,所以,财政支出需求是财政支出结构的重要影响因素。其实,政府职能细分后的表现形式,就是财政支出需求,也就是说,政府职能的变化会直接体现在财政支出需求上,因此,政府职能与财政支出结构的关系也就表现为财政支出需要与财政支出结构的关系。

政府职能随着经济社会的发展发生着明显的变化,变化趋势是政府职能作用的扩展,首先是政府宏观调控职能的加强,其次是在由计划经济体制向市场经济体制转变的过程中,政府职能“越位”和“缺位”现象的改变,对市场干预的减少和对公共服务职能的加强。对于县级政府而言,政府职能配置中轻社会事业发展,重经济社会发展,轻城市管理,重城市建设的现象在过去相当长的一段时期内存在,造成公共基础设施建设、城市管理、社会保障、环境保护等政府社会性职能较弱,经济社会整体发展不均衡。所以,县级政府要加强社会性职能的建设,弱化经济职能,其具体体现为公共财政支出需求增加,投资性支出需求降低。

2.4 财政支出结构的经济效应

财政支出结构的合理性,决定着财政支出效率的高低。现有的财政支出结构能否促进支出效率的提高,主要取决于该支出结构对经济变量的影响,也就是财政支出结构的经济效应。就我国近 20 年的情况来看,只要财政支出总量和结构在一定的客观区域内变动,不管是增加财政的消费性支出还是资本性支出，都会对经济增长起正向作用。但是，如果超过了客观界限，不管增加消费性支出还是资本性支出，都会对经济增长起反向作用。当宏观经济情况发生客观改变时，政府需要适当调整财政支出结构，使其对经济增长有促进作用。这一方面是由于财政支出的增加具有乘数效应，另一方面是因为财政支出对经济增长的影响，不仅在于财政支出总量，更在于财政支出结构的调节效应。在 2.2 节按具体用途的财政支出分类中，笔者将财政支出分为补偿性支出、消费性支出和积累性支出，其中的消费性支出是指广义的消费性支出，在这一节中为了研究方便，笔者把消费性支出分为狭义的消费性支出和资本性支出分别分析，狭义的消费性支出是指政府以消费者身份在市场上购买易耗品的支出，而资本性支出是指政府在市场上购买耐用品的支出。本节中提到的消费性支出指狭义的消费性支出。

2.4.1　消费性支出对经济的影响

根据经济学原理分析，政府增加消费性支出，会造成消费品的需求量增加，使消费品的价格上升。消费品的生产企业由于有利可图，会扩大生产，所需的生产资料与人力资本也会随之增加，随着就业的增加，又引起消费资料的更大的需求，这一需求又驱使消费品企业进一步扩大生产，并能拉动生产资料企业扩大生产。国民收入的提高和消费品价格的上扬，又能引起资本市场供应的变化，具体体现如股票价格的波动。股票价格上升又激发了民间投资，使投资品生产扩大，随之又拉动消费品生产，使消费品生产规模扩大。在这一系列的传递效应下，消费性支出的增加能引起全社会范围的经济增长，使国民收入增加，国民福利提高。这一分析是基于消费品生产与资本品生产均衡这一先决条件的。在消费品生产大于资本品生产的情况下，如果政府增加消费性支出会加大社会对消费品的需求，加深宏观上的不平衡，使经济总量下降。如果政府不采取增加消费性支出的方式，而是调整支出结构，削减消费性支出并增加资本性支出，则会缓解失衡的宏观环境，推进经济增长。如果政府扩大购买时是带有调整结构性，即加大对一些商品购买的同时减少对另一些商品的购买，会拉动那些生产政府购买商品的企业扩大生产，同时抑制那些生产政府削减购买商品的企业减少生产,财政支出结构的这种调整会引起社会生产结构的变动(图 2-11)。

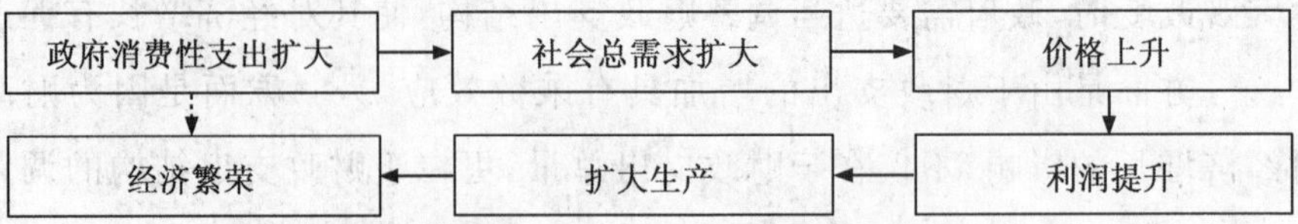

图 2-11　政府消费性支出扩大对经济的影响路线图

在现代市场经济条件下,社会总需求的组成要素有个人与经济组织的消费需求,个人与经济组织的投资需求和政府的消费性需求,政府的消费性需求对社会总需求的形成有重大影响。政府消费性需求的增减变动直接制约社会总需求的形成。政府消费性需求的上升,通常会直接或间接地作用于社会总需求,政府消费性需求上升—价格上升—企业利润率提高—企业扩大生产—所需生产资料增多—导致社会生产的膨胀,增加国民收入,形成经济繁荣的局面。反之,政府购买性支出的减少,往往会通过直接或间接的方式减少社会总需求,而导致社会生产的萎缩,形成经济萎缩的局面。

在分配领域,财政用于消费性支出的总额不变,只是所购买的商品或者劳务的结构发生改变时,将影响整个社会的收入分配状况。财政用于消费性支出在总额上发生改变,而在结构上仍保持着原来的状况。消费性支出普遍增加时:促进社会生产增长—国民收入增加—资本的利润率和劳动力的工资都会有所提高。消费性支出普遍减少时:社会生产萎缩—国民收入减少—资本的利润率和劳动力的工资率都会有所下降(图 2-12)。

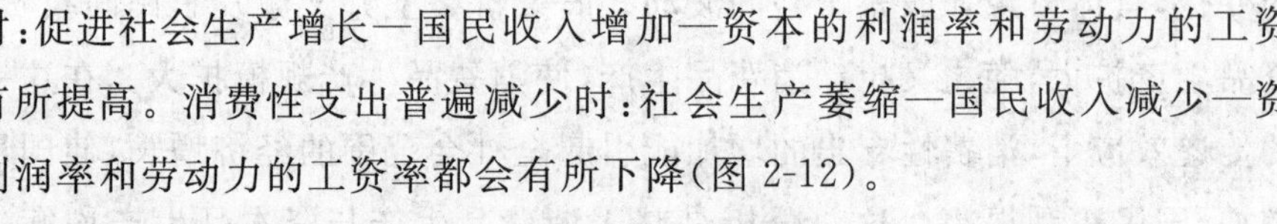

图 2-12　政府消费性支出扩大在财富分配领域对国民收入的影响

2.4.2　资本性支出对经济的影响

由经济学相关理论可知，政府增加资本性支出时资本品的需求增大，引起资本品价格上扬，资本品生产企业因为有利可图，会扩大生产资本品，使就业扩大，拉动了消费品的需求，又导致消费品价格提高。由于消费品价格的提高，消费品生产企业也会扩大生产，经济进入良性循环，国民收入上升，即政府资本性支出的增加对经济增长起正向作用。“挤出效应”是否存在也不能一概而论，当社会资本没有被充分使用时，政府加大资本性支出不但不会引发“挤出效应”，还会拉动经济增长，带动私人部门收入的提高。如果社会资源利用达到饱和，政府增加资本性支出会影响宏观平衡，对经济增长产生反作用(图 2-13)。

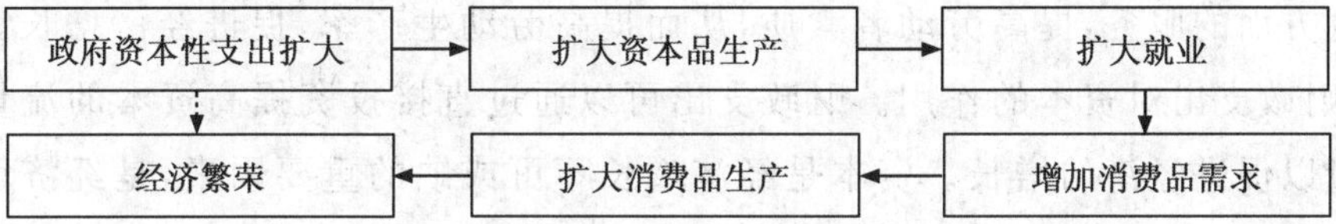

图 2-13　政府资本性支出扩大对经济的影响路线图

2.4.3　财政支出对经济的影响作用路线

根据相关的研究结果表明，无条件的转移支付对增加地方政府支出是很明显的。由于落后地区的经济欠发达，导致地方政府的财政收入比较少，这就必然制约了地方政府的财政支出，通过无条件的转移支付可以缓解地方政府入不敷出的局面。从直接的后果看，是增加落后地区的政府支出，但间接后果是通过政府支出乘数作用促进经济增长。对于政府支出结构对长期经济增长的影响，凯恩斯主义者在流动性陷阱、工资刚性等前提条件下，运用 IS-LM 模型阐明了积极财政政策的增长效应，认为政府财政支出对于国民收入的增长存在乘数效应，即政府购买每增加一单位，国民收入就会成倍数增长。但是，凯恩斯主义者认为，积极财政政策的增长效应只是一种短期效应，仅对当期经济增长有着正效应，在长期范围内财政政策是无效的。

凯恩斯宏观经济理论认为,总支出中的某项支出增加了一个单位,会带来的总产出的数倍于这一单位的增长,这一倍数称为乘数,这种总支出对总产出有放大作用的效应叫乘数效应。政府支出的乘数为总产出的增加值与政府支出的增加值之比,即 $K=\Delta Y/\Delta G$。

财政支出通过劳动、资本、技术要素作用于经济增长。第一,财政支出对劳动的作用。劳动是经济增长的一个重要因素,一个国家或地区的经济水平提高的主要途径就是劳动生产率提高。而劳动力素质的提高是劳动生产率提高的根本。劳动力素质包括劳动者的身体素质、科学文化素质和思想素质,身体素质高代表劳动者有较强的生产能力,科学文化素质高可以将科技文化知识转化为生产力,思想道德素质是劳动者不断提高自身整体素质的动力。财政支出可以增加教育和医疗等方面的支出,给劳动者提供技能培训以及医疗保健方面的服务,提高劳动者素质,从而提高劳动生产率,促进经济增长。第二,财政支出对资本的作用。财政支出可以通过直接投资提高资本的流量和存量以促进经济的增长。资本是经济增长不可或缺的重要因素,是经济增长中流动的血液,财政可以直接为特定的公共服务领域提供资本支出,如教育投资、道路及高速公路投资等,即公共投资。第三,财政支出对技术的作用。科学技术是经济增长的不竭源泉,是第一生产力。由于技术具有外部性,因此需要财政对一些科研机构、高等院校和技术创新企业予以补贴,以提高科研创新能力,达到促进经济增长的效果。所以,财政支出通过对劳动、资本、技术的影响,拉动经济的增长(图 2-14)。

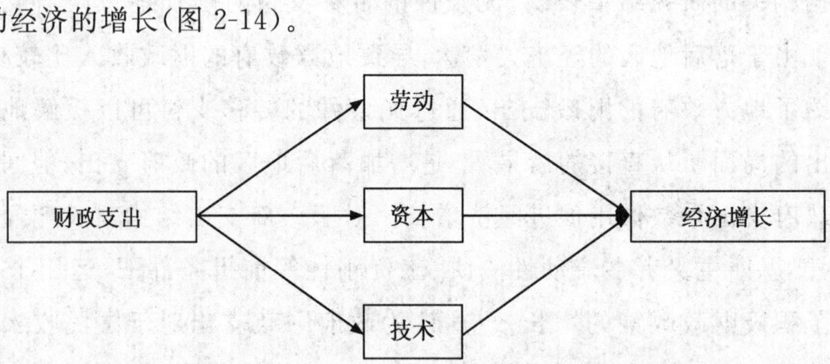

图 2-14 财政支出对经济增长作用路线

2.5　小结

本章从财政支出的内涵、特征、主要结构、影响因素、结构效应等方面进行了系统梳理，认为财政支出是实现政府职能的主要手段，具有控制性、不可分割性和可调节性等特征。从分类方法上看，依据我国现有的财政制度，财政支出根据具体的社会经济环境可以有以下几种分类：按政府职能分类，按财政用途分类，以及按性质分类等。财政支出结构受到很多外在因素影响，主要有政府职能、经济发展情况、财政支出总量、制度变迁情况、财政收入状况和财政支出需要等因素。从财政支出结构效应上看，政府消费性需求的上升，通常会直接或间接地作用于社会总需求，增加国民收入，形成经济繁荣的局面。政府消费性需求的上升，通常会直接或间接地作用于社会总需求。政府资本性支出增大时，产生的经济影响是正相关的。但对于民间资本的挤出效应不能一概而论。

我们的国家这样大，人口这样多，情况这样复杂，有中央和地方两个积极性，比只有一个积极性好得多。

——毛泽东《论十大关系》

第3章 分权与转型：县级财政收入支出变化的实证分析

我国自1994年实施分税制改革以来，作为5级财政构架底层的县乡财政受到巨大影响。根据以往的研究来看，目前县乡财政问题的产生主要是因为对财政分权改革具有较强的路径依赖，并出现了县乡财政的制度供给失衡。因此，当前财政体制改革的一个重要思路便是"分权促转型"，即通过各级政府事权边界的清晰化进一步促进传统财政向公共财政转变，促进财政向适应社会发展方向转型。但这种思路是否行得通，还需要深入研究，以便有效评估现在所进行的扩大县级管理权限改革对财政转型影响的实际效果。本章重点解剖中部地区河南省W县扩大管理权限前后的财政支出变化。首先，本章将对分权作出理论上的阐述，同时提出一个分权与财政投向关系的假说，并展开一个理论模型；其次，将以河南省W县为例从其财政收入、支出在扩权强县前后发生变化的角度进行切入，分析分权对财政发生的变化产生的影响；最后，在统计分析的基础上，提出一个分权与财政转型之间关系的计量模型，运用相关年份的数据进行计量分析,以期得到有益结论。

3.1 分权与转型的理论假说

根据现代制度理论,两个要素对经济体制的绩效是关键的:各种各样行动主体所拥有的信息,以及这些主体的激励(Winiecki,1990)。中国的分权主要有两种形式,一种是行政分权,即中央把很多经济管理的权力下放到地方,使地方政府获得更多的行政管理权限,进而拥有更多相对自主的经济决策权。这一方面扩大了地方的管理职能范围,增强了地方政府的管理责任;另一方面,实际上减少了行政管理的有效层级,使很多通过市级传递的信息直接在省与县之间传递,减少了信息扭曲。另一种是以财政包干为内容的财政分权,即中央把很多财权下放到地方,而且实施财政包干,使得地方可以与中央分享财政收入。这种分权是从 1994 年的分税制改革作为重要分水岭。分税制改革,一方面将税务和财政分开,明确了中央收入和地方收入,提高了中央财政配置资源的能力;另一方面,在事权上的划分更加明确,减少了对地方支出的限制,使财政支出更加分权化。但分税制只是明确了中央和省的财政关系,并没有明确省级和县乡两级基层财政之间的关系。分税制是以 1993 年实际收入为依据,核定了收入基数,但对支出基数没有重新核定,仍采用原有体制。实际运行情况表明,在财政趋向好转的形势中,县乡财政的发展却不容乐观,有着严重的财政缺口和财政赤字(陈锡文,韩俊,赵阳,2005)。因此,很多学者也开始对省级以下的管理分权和财政分权进行研究,探寻如何更好地使事权与财权相匹配的发展道路。同时,各地也纷纷开展扩权强县、省直管县等改革的试点实践,这既是新形势下地方政府的理性选择,也是地方政府在现有制度框架下进行财政体制改革的试金石,这为我们进行深入分析提供了更加鲜活的现实素材。

3.1.1 管理分权与财政转型的基本关系

以上研究从单纯的财政分权向前走了一步,开始讨论经济管理分权对地方政府产生的激励作用,并在此基础上进一步讨论了财政分权的道路选择和对经济增长的贡献。笔者认为,已有研究已经对行政分权进行了制度层面的剖析,但对财政分权和财政转型方面的研究还没有进行深入探讨,因此有必要从行政管理分权和财政分权之间的关系入手,细致研究讨论管理分权对财政分权,乃至地方财政支出变化的影响。本部分希望通过阐述管理分权和财政分权之间的基本关系,逐步理清二者对财政支出转型的主要逻辑关系。

1.地方政府为什么选择管理分权的改革模式

经过了改革开放30年的发展,我国经济社会结构出现了巨大变化,人们的需求开始发生转变,我国开始面临着全社会居民生活水平稳步提高但高低收入群体极不均等的重大社会结构性矛盾,人民生活与发展由传统物质文化需求向现代多元价值需求转变,重点向民生方面倾斜的财政投入时代已经来临,财政转向与现实需求的矛盾越来越突出。但通过分税制改革,地方财政在与中央财政的博弈中已经不占优势,但同时又必须维持自己的利益。在这种情况下,地方政府不得不通过选择"开源节流"的改革策略,既要保证改革成本的最小化,即不能产生不必要的社会稳定成本,同时又可以得到最大化的财政收入利益。这样就产生了财政的异化行为,即一方面,地方各级政府不断向新兴产业征税、挖掘当前制度框架下既有的,能够扩大税收和财政收入的办法,如地方的土地财政行为等;另一方面,尽量将自身的公共责任进行"甩出"和"下移"。在进行财政分权改革的过程中,地方政府选择了更具隐蔽性的管理分权改革模式,这种改革模式不同于直接的财政分权,表面上是对经济社会管理体制层面的改革,但其本质是财政分权的前置化和内部化。这种管理分权化的改革传递给县乡财政的不仅仅是一种激励作用,它还带来了财政内部的权利再组合和利益再分配效应。

要进一步解释这种模式的选择,则需要剖析我国的分税制改革。我国的分税制改革是一项深入到最基层乡镇的改革,其改革并没有取消掉以前的"承包制",而是在县乡两级产生了"分税制"与"承包制"共存的财政管理体制。而联系"分税制"和"承包制"的主要连接点就是"财政任务",这既包括收入任务,也包括支出责任。无论是“承包制”下的分收入还是“分税制”下的“分税收”,都是在既定收入下的分配。根据张立承(2003)的研究,虽然按照规定,在分税制下中央税收(增值税与消费税)的超任务收入部分,县乡财政分享比例为30%,这部分增收国税应全部返还给负责征收的同级财政,但实际情况并非如此,这部分税收还要在省、市、县(乡)之间进一步分配,其超收部分的边际收益低于30%,即省级财政和市级财政也参与到了县乡部分税种的分成之中。在这种财政体制框架下,如果要满足当前公共服务的需要,地方政府如果单纯地通过推动财政分权的体制改革来实现这种转型,阻力无疑是非常巨大的。因此,如果要同时达到“开源”——扩充财政收入来源和“节流”——公共责任的甩出,就要通过更高层次的权利统筹。在这种情况下,推动地方的管理分权改革成了一个具有诱惑力的选择。一方面,通过分权改革可以扩充地方政府的管理权限,实现向新兴产业征税、减少管理成本,即“开源”的目的;另一方面,又可以通过分权改革达到公共管理责任的下移和甩出,减少省级财政的赤字。这无疑是一个良好的,将财政分权内化了的改革方案。

2.经济管理分权带来的财政分权变化

经济管理分权和财政分权既有联系,又有区别(图3-1)。经济管理分权是授予地方政府更多的经济发展事务的管辖权和审批权,其授权的目标在于,通过减少各项政策的施行步骤,提高政府管理效率,加快政府行动步伐;并且地方政府更多地参与决策公共服务的实施种类,有助于提供更为适当的各种服务项目。这种管理权限的变化往往附带着财政管理权限的变化:给予地方政府一定的税收权力和支出责任范围;允许地方政府自主决定其预算支出规模和结构。通过这些方法的实施,可以使处于基层的政府更加有效地利用自身掌握的信息进行符合地方发展要求的规则制定,并积极参与社会管理。其结果便是地方政府能够提供更好的社会服务,群众也更为满意。财政分权要求地方政府有一定的自主权,以便独立进行财政决策。如2002年浙江将313项审批权下放给绍兴、温岭和慈溪等17个经济强县(市),把地区一级的经济管理权限直接下放给县(市)。从2007年起,浙江又实行强镇扩权战略,选定141

个省级中心镇,赋予部分县级经济社会管理权限。“扩权强县”的重点,是使县级政府拥有一些本属省、市两级的审批权,加大县一级政府的自主权,加速县域经济的发展。具体细节,我们将从后面的案例中进行分析。从这一点上来看,经济管理分权内生推动着财政分权,二者是相容的。

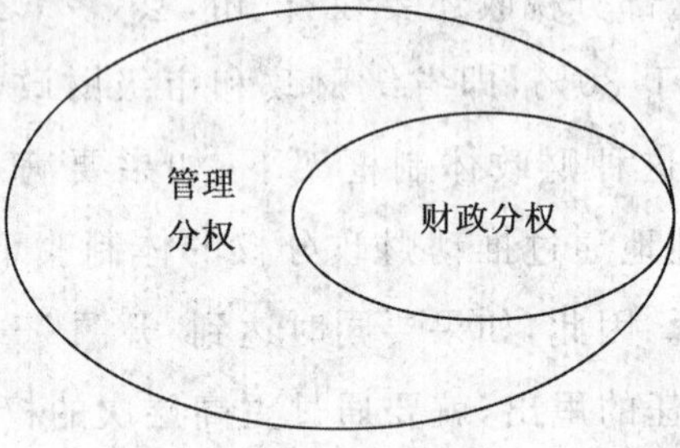

图 3-1　管理分权与财政分权的关系图

3. 管理分权带来的财政监督与交易成本变化

经济发展和社会管理的分权还带来一个间接的变化,那就是减少了信息传递和行政管理成本。根据进行“扩权强县”改革省市的经验,改革的核心体制突破意义在于,在保持现行行政层级不变的前提下,将部分权利下放到县级,便于明确政府职责,减少管理层次,降低行政成本,提高管理效率。这是另外一种意义上的减小政府规模的做法。与高级别的行政组织相比,基层政权更清楚当地哪些公共服务需要提供,哪些公共服务之间需要进行何种资源配置,从而可以有效地决定资金投向。这在一定程度上减少了财政资金的浪费,可以更加有效地配置财政资源。此外,管理分权还可以带来另外一种变化。采用的有区别的地域管理权,可以鼓励主要城市以外的地区经济的发展。这种策略通过运用补助和税收刺激手段降低农村中的经营成本,增加农村对人们的吸引力。同时,通过在城市中实施较高的税收,相应提高其服务成本,从而减少城市的吸引力。如果这种设想取得成功的话,地域分权策略会使城市分布规模逐渐趋于一致化。而这种策略并不需要增强地方财力。

4.管理分权对地方官员的激励相容

在原来的财政制度下,由于对信息掌握的不对称,上级管理机构不能对财政资金的使用效率作出及时的监管。同时,对相应地方官员的行为也无法有效掌握,只能通过行政式的强制管理方式和依靠官员的自身素质进行财政资金的用途管理。在管理分权后,地方官员自身的职位晋升、地方经济社会发展和财政资金的使用权限可以进行有效统一,使其保持一致,这样可以有效增强管理分权对地方官员的激励相容。李郇、王美今(2007)通过构建一个晋升竞争博弈模型,说明当地方政府官员的努力具有正外部性或正溢出效应时,地方政府官员会合理选择区域一体化,从而将正溢出效应内部化;反之当存在负外部性或负溢出效应时,地方政府官员会理性地选择市场分割,从而将溢出效应外部化。从进一步完善的组织管理来看,地方政府必须承担某些重要的支出责任。地方政府如果不能承担提供当地居民亟须的公共产品的责任,而这些公共产品对当地群众来说又是至关重要的话,那么当地居民就有权对其不作为进行反映,这就会影响当地官员的升迁。

5.经济社会管理分权是财政公共方向转型的充分而非必要条件

地方的财政公共方向转型问题是一个复合问题,既有当地公众对公共产品日益提高的需求和官员自身升迁的政绩需求,也有中央对财政覆盖公共事业发展、稳定社会的要求。经济社会管理分权如果满足以上条件,就完全可以促进财政向公共方向转型。但很明显,这是需要前提条件的,在地方财政收入充沛的情况下,这三者的目标无疑是一致和吻合的,因此,就会有效地刺激财政资金向公共方向投入。但如果地方自身的财政收入不足,转移支付又无法满足需要,而通过信息来提高的资金使用效率又不足以填补其公共事业发展的资金缺口,支撑其行政事业运转时,地方财政的公共方向转型就很难说可以通过经济社会管理分权而得到有效的推动。在考虑财政公共方向转型的命题时,我们不得不考虑更多的影响因素,而这需要有更多实证数据的支撑。

3.1.2 一个理论假说

奢望通过一个理论假说就可以解释县级财政转型是不现实的，且样本量也是有限的，当然不可能从全国的范围来得到严格的证实，但这并不影响研究的探索。这个假说是基于省—市—县三级政府之间信息的不对称性提出的。省向县进行的经济社会管理的直接分权，其一个主要目的是减少省—市—县三级信息传递扭曲，降低财政行政成本，提高财政资金的使用效率。同时尽量保证地方政府在投资方面的激励相容。这里面也隐含着一个重要前提，即省—县之间的信息是不对称的。因此，这也是省—县政府之间的一个不完全信息博弈机制。县级政府比上级政府掌握更多的基层信息，但县级政府并没有提供真实信息的动机和积极性，只会有夸大县级财政困境的动机，要求上级政府下拨更多的财政资金。而上级政府也明白汇报有夸大的成分，因此在资金拨付上也会打折扣。本部分在这个基本的假设条件下，提出一个不完全信息的博弈模型，并以此提出假说。

1.不完全信息动态博弈模型

我们借鉴王军等的研究成果构建一个不完全信息动态模型，说明县级政府和上级政府之间的财政博弈。地方政府本级财政收入主要由地方税收收入和非税收收入两部分组成，这里主要选用县本级地税收入来代表县级财政收入。如果县级政府的税收收入和借款情况给予限定，则县级政府的财政开支越多，县级政府从中获得的效用就越大。但在给定支出水平下，地税收入征收越多，政府的效用就越小，因为县级政府宁愿让上级财政的转移支付去提供开支的来源，而不愿通过征收地税提供开支（在县级政府的财政开支来源中，还有一项是借款）。

这样，我们得到以下假定：县级政府的效用函数为：

$$u_i = G^{\alpha} e^{-\beta R^2} e^{-\gamma D^2}$$

其中，G 是县财政支出，$G = Ru_i + Pu_i + De_i$，Ru_i 是县级政府在第 i 期行政运转方面的支出，Pu_i 是县级政府在第 i 期的公共服务方向的财政支出，De_i 是县级政府在第 i 期发展县域经济或产业方面的支出；R 是县本级地税收入，其中，$R=X_i+V_i$，X_i 是通过扩大县级政府在 i 期对经济的自主管理权限而获得的财政收入，V_i 为县级政府在 i 期的法定稳定收入；D 是县政府的借款，具有约束作用，且具有不确定性。$G=R+D+r$，r 是上级财政对县级财政的转移支付及拨款等来自上级的财政收入。$\alpha>0$，$\beta>0$，$\gamma>0$，且为常数。该效用函数满足如下性质：

$$\frac{\partial u_i}{G}>0,\ \frac{\partial u_i}{R}<0,\ \frac{\partial u_i}{D}<0$$

后两项说明县级政府不愿意增加借款和在开支水平一定的前提下没有增加地方税收的冲动，而宁愿让上级提供财政开支或拨款。但鉴于争取上级的拨款是一个复杂的博弈过程，同样，地方领导也知道尽管提出相应的财政需求，但上级政府并不一定会给予足够的财政拨款，因此，我们将此假设做一个处理，即地方政府还是追求自身财富的最大化，地税收入尽管由中央和省级财税部门确定了税种与税率，但依然会受到地方政府的影响，因此，该变量还是一个由县级政府操作的变量。

假设上级政府认为一个特定的县财政总的开支应该为 $G_1>0$。上级政府的效用函数可以使 $G=G_1$，或 $u_2=e^{-(G-G_1)^2}$，最大效用在 $G=G_1$ 处达到。当然，上级政府和县级政府都厌恶借款，而县级政府在支出一定和本地税收无法大幅度提高的情况下厌恶增加税收，但如果拥有较大产业发展前景的情况下，对提高本地税收还是具有很大冲动的，毕竟如果要不断地向上级争取转移支付不但需要付出谈判成本，且转移支付很不稳定，而这种谈判对当地官员自身的晋升也有一定影响，因此，在可能的情况下，还是会追求本地的产业发展，提高本地税收水平。在 u_1 中，$\beta>0$，$\gamma>0$；如果给定 r 下 R 增加，或 D 增加，则 G 增加，u_2 下降。给定来自上级的转移支付或拨款，则县财政的问题是如下最大化问题。

$$\mathrm{Max}u_1=G^{\alpha}\exp(-\beta R^2-\gamma D^2)$$

其中，$G=R+D+r$ ………………………………………………………… (1)

即：$\mathrm{Maxln}u_1=\alpha\ln G-\beta R^2-\gamma D^2$ ………………………………… (2)

将(1)代入(2)可得：

$$\frac{\partial \ln u_1}{\partial D}=\frac{\alpha}{R+D+r}-2\beta R=0 \cdots\cdots (3)$$

同理可得,$\frac{\partial \ln u_1}{\partial R}=\frac{\alpha}{R+D+r}-2\gamma D=0$; $\cdots\cdots (4)$

可得到:$D=\beta R/\gamma$; $\cdots\cdots (5)$

则 $G=R+D+r=R+\beta R/\gamma+r=R(1+\beta/\gamma)+r$

可得:$R=\frac{G-r}{\left(1+\frac{\beta}{\gamma}\right)}$,有$\frac{\alpha}{G}=2\beta\frac{G-r}{1+\frac{\beta}{\gamma}}$;令 $\beta/\gamma=t$;

则有 $G=\frac{\frac{2\beta r}{1+t}\pm\sqrt{\frac{4\beta^2 r^2}{(1+t)^2}+\frac{8\beta\alpha}{(1+t)}}}{\frac{4\beta}{1+t}}$;由于 $G>0$,$G=\frac{r+\sqrt{r^2+2\alpha\left(\frac{1}{\beta}+\frac{1}{\gamma}\right)}}{2}$

$\cdots\cdots (6)$

同理可得:$R=\frac{\alpha/\beta}{r+\sqrt{r^2+2\alpha\left(\frac{1}{\beta}+1/\gamma\right)}}$ $\cdots\cdots (7)$

将 $G=Ru_i+Pu_i+De_i$ 代入(6)可得:

$$Pu_i=\frac{r+\sqrt{r^2+2\alpha\left(\frac{1}{\beta}+\frac{1}{\gamma}\right)}}{2}-Ru_i-De_i \cdots\cdots (8)$$

将 $R=X_i+V_i$ 代入(7)可得:

$$X_i=\frac{\alpha/\beta}{r+\sqrt{r^2+2\alpha\left(\frac{1}{\beta}+1/\gamma\right)}}-V_i \cdots\cdots (9)$$

由于县级政府发展经济的支出主要来自自身财政税收,所以 De_i 是税收 R 的函数,即 $De_i=f(R)=f(X_i+V_i)$;而 Ru_i 是上级拨款和本地税收的函数,即 $Ru_i=f(X_i+V_i,r)$;将其代入(8)可得:

$$Pu_i=\frac{r+\sqrt{r^2+2\alpha\left(\frac{1}{\beta}+\frac{1}{\gamma}\right)}}{2}-f(X_i+V_i,r)-f(X_i+V_i);$$

根据拉格朗日定理，总存在一个δ使得：

$$Pu_i=\frac{r+\sqrt{r^2+2\alpha\delta X_i}}{2}-\delta f(X_i,r) \quad (10)$$

由式(10)可以看出，县级财政的公共投入方向主要取决于来自上级的收入倾向和对通过扩权所增强的自身管理权限带来的收益。但我们注意到一个很有意思的现象，即公共投入方向的转型并不完全与扩权是正相关的，如果给予县级政府的权限过于放大反而会不利于地方财政的公共方向转型。也可以这样解释，如果地方的权限过大，地方政府会更倾向于将资金投向边际效应更强的产业或基础设施建设，如提高地方的财政收入的产业或者有利于官员升迁的基础设施建设，而不是将财政资金投入到低效益的社会服务部门或保障性的基础设施建设，这最终是由地方政府作为理性人的逐利性决定的。

2.假说的提出

在以上研究的基础上，提出理论假说：

(1)在信息不对称的情况下，省级政府可以通过对县级政府恰当的经济管理分权和调动转移支付的手段推动地方财政支出向公共方向转型

说明：在某些情况下，如果要在现有的体制框架中有效地激励地方向公共方向投入，管理分权对于地方政府而言是一个具有较强操作性的改革方案。根据现有的县级财政研究，县级财政收入的重心呈现由税收收入向非税收收入转移，实际的运行过程中并没有出现“税收收入—预算内非税收入—预算外收入—制度外收入—债务收入”的理想化的税收顺序，相反，却呈现收入的不断外移现象，“制度内规范”被“制度外违规”所替代。在这种情况下，如果要加强地方财政的公共方向投入，就要有两种办法，一是这种投入可以带来相应的地方利益，二是加强监管，但监管的前提是信息的掌握，这显然是不可能的。因此，我们将省级政府和地方政府之间的管理分权看成是一种双方的博弈，彼此都有相应的目标。省级政府的目标即在不会大幅增加财政投入的情况下，通过分权充分调动地方政府的积极性，一方面满足群众日益增长的对公共服务的要求，维持社会稳定；另一方面可以充分利用地方政府掌握的信息资源减少行政成本，尽量达到政令的上通下达。而地方政府则获得了更加直接的管

理权限,一方面可以减少对信息扭曲所产生的资金浪费,增强财政资金的使用效率;另一方面,可以将自身晋升与社会公共服务要求进行有效统一,提高地方官员的激励相容。这个假设是典型的通过赋予地方更多的政策和并不太多的“钓鱼”资金对地方财政资金使用进行的帕累托最优改善的政策方法。

(2)省级政府对县级政府的经济社会管理权限分权有助于推进财政分权

说明:这条假说实际上是一个包含性的假说,即经济社会管理权的分权实质上包含着部分财政分权,但这种分权在推进的过程中产生了强化效应,即“改革推动着新的改革”,当新的改革措施通过政策进行运行后,将形成一定的制度惯性,最终在今后的制度制定中得到固定,从而将改革变成现实。当前的县级财政缺乏必要的自主权。一是地方税体系不完善,地方税中缺乏稳定且有规模的税种。二是财力性转移支付收入中有相当部分都指定了专门用途,政府实际可用财力有限。三是专项转移支付需要配套资金。如社保、民政、教育、卫生等专项转移支付一般都要求当地财政按比例配套资金,项目争取得越多,配套的资金也越多,实际上剥夺了地方财政资金使用的自主权,同时也超出了县级财政的承受能力。在此情况下,地方对经济社会管理分权的改革必然会触及财政分权的改革。而且现实的改革条款也证明,地方在推进管理体制改革的选项中是包含甚至核心就是财政分权的改革。因此,省级政府对县级政府的经济社会管理权限分权实质上内生地推动着二者之间的财政分权演进。

(3)分权并不是越多越好,而是需要有一个平衡的底线,即地方政府对省级政府的财政需求与本地财政收入存在微妙平衡

说明:任何分权都不是越多越好,分权与集权之间从理论上说是有一个平衡的,仅仅是时机和彼此大小的区别。针对地方财政来看,地方对上级的需求无非有3种,一是资金需求;二是政策需求;三是人员晋升需求。当地方发展落后时,县级财政普遍偏紧的情况下,其需求的主要类型是资金需求,迫切需要财政的转移支付份额;当地方经济发展较好时,其需求的类型就会发生变化,从资金需求进而转向政策需求。从扩权强县的现实看,对试点县的选择也基本选择财政实力较强的县,即使如此,试点县也会通过支出方向的变化来实现自身的利益取向。在向上负责的制度下,一种转向是向公共服务倾斜,以争

取更多的政策和资金支持;另一种转向是向有利于积累自身财富的产业发展方向倾斜,以期建立自身的长效财政收入机制。因此,即使分权也无法完全控制和影响地方的财政转型方向,而是有一个平衡点,省级政府在宏观调控的同时,要更加注重地方的需求变化,通过放权的比例和时机掌握地方财政资金投入方向的平衡。

(4)省级政府可以通过对县级政府的管理分权和对官员的偏好调节来调控县级政府的财政支出方向

说明:此条是一推论,即如果财政向公共方向的支出可以通过管理分权和财政分权有效地进行管理,那么也应该存在一个逆过程,即如果通过相应措施的实施,其支出方向不仅仅可以向公共方向支出,也可以向其他方向支出,如有利于地方发展和财政收入提高的重点产业发展,有利于增强地方官员晋升资历的基础设施建设或重大工程等。因此,在此条推论中考虑了地方官员的晋升需求和可能,将分权与官员任免考核标准相协调,就有可能对地方的发展方向和财政支出投入方向进行有效调节。

3.2　中部地区河南省的扩权强县试点实践

3.2.1　河南省开展试点的主要历程

1.“扩权强县”的定义

所谓“扩权强县”,是指数年前就开始在浙江等地实施的一种政府管理体制改革,这一改革的核心内容就是通过扩大县一级政府的相关权力,以使县一级政府具有更大的自主权,从而为实现县一级政府的经济发展和社会管理职能奠定基础。早在 1992 年,为了“在经济上和上海接轨”,浙江对 13 个经济发展较快的县(市)进行扩权,扩大基本建设、技术改造和外商投资项目的审批权。1997 年浙江又进一步在萧山和余杭等县(市)试行部分地级市的经济管理权限,扩权的力度明显提升。2002 年浙江又将 313 项审批权下放给绍兴、温岭和慈溪等 17 个经济强县(市),把地区一级的经济管理权限直接下放给县(市)。从 2007 年起,浙江又实行强镇扩权战略,选定 141 个省级中心镇,赋予部分县级经济社会管理权限。4轮放权后,义乌市被媒体称为"全国权力最大县"。"扩权强县"的重点,首先就是把省、市两级的一些审批权力下放到县,使县一级政府拥有更多的自主发展权,加速县域经济的发展。在浙江"扩权强县"取得了阶段性成果之后,吉林、河北、湖北、江苏、黑龙江、河南、广东、江西、辽宁、山东、福建等省从2002年起先后开始"扩权强县"改革。

也有学者认为"扩权强县"是"省直管县"体制的过渡。从先行改革的浙江省经验来看,"扩权强县"改革已经取得了阶段性成果,该下放的经济管理权限都已下放。实行"省管县"体制,取消地市及行政单位,减少行政层级,降低行政成本,是下一步我国行政体制改革的大势所趋。这由于超出了本书的研究范围就不再展开论述,本书只从扩权强县本身所带来的财政制度演进来进行研究。

2.河南省扩权强县试点的阶段历程

河南省开展的"强县扩权"试点主要分为4个阶段。第一个阶段是2004年5月河南省政府印发《河南省政府关于扩大部分县(市)管理权限的意见》[豫政(2004)32号],河南强县扩权改革正式启动。在这次"强县扩权"改革中,河南省赋予巩义市、项城市、永城市、固始县、邓州市等35个扩权县10个方面的主要管理权限,项目多达80条,地方对经济社会管理权限被大幅度提升。

第二个阶段是2007年9月,下发《河南省人民政府办公厅关于进一步落实扩权县(市)政策的通知》[豫政办(2007)108号]。主要原因是省里认为部分下放的管理权限还没有落实到位,需要进一步贯彻落实扩权政策。同时,在此文件中增加了中牟县作为试点县,试点县达到36个。此外,文件中特别要求"省直有关部门和各省辖市要深刻领会扩权政策的重要意义,改革工作思路,转变工作作风,对继续执行和修改后的扩权政策抓紧落实,把该放的权限切实下放到位,积极指导、帮助扩权县(市)熟悉扩权政策和运作程序,提高业务工作水平,促进全省县域经济加快发展"。

第三个阶段是2007年11月,河南省发展改革委下发的《关于取消若干扩权管理权限的通知》。该文件出台原因据认为是,"由于国家相关政策的调整、经济社会发展发生新的变化等多种原因,部分下放的管理权限没有落实到位。鉴于有些扩权政策与国家有关部门的行政规章和规范性文件规定不一致,有些扩权政策在行政许可法实施后已经不属于法定的行政许可事项等原因,部分下放的管理权限无法得到贯彻落实"。在这则通知中,有12项"特权"项目被取消或调整,分别为县管河道治理范围内的建设项目(跨县级行政区域的除外)审批权、扩权县境内的省管河道治理范围内的建设项目审批权、直接报批建设用地政策、水井凿井甲级资质行政审批、水井凿井乙丙级资质行政审批、大型水库和水闸控制计划的审核、对外承包工程的审批权限、外派劳务和接受多边双边援助的审批权限、拍卖企业设立前置审批、直接受理非处方药登记发证申请、第一类医疗器械生产企业和零售企业备案、直接受理并初审药品包装材料和容器及药用辅料品种等。

第四个阶段是2009年5月下发的《河南省人民政府关于完善省与市县财政体制的通知》[豫政(2009)32号]。这次文件的出台,主要原因是"随着形势的发展,现行体制也逐渐暴露出一些影响科学发展的问题。为进一步推进经济结构调整和发展方式转变,建立有利于科学发展的财政体制,促进我省经济社会又好又快发展,省政府决定从2009年起完善省与市县财政体制"。同时,新增兰考等15个县为省直管县,河南省强县扩权的改革试点已经增加到51个。经历4年多的时间,河南省强县扩权取得初步成效。

3.2.2　试点的基本内容

根据《河南省人民政府关于扩大部分县(市)管理权限的意见》[①],河南省进行"扩权强县"的初衷,主要是"减少管理层次,降低行政成本,推动扩权县(市)抓住机遇,加快发展,尽快形成一批经济活力强、发展速度快、综合素质高的县(市),进一步壮大县域经济总体实力,促进城乡经济和区域经济协调发展,加快全省工业化、城镇化和农业现代化进程"。这里面包含有3方面的含义:一是进行体制创新,减少管理层次和信息扭曲,能够使省里的政策直接贯彻到县,强化政策落实;二是搞活并壮大县域经济,培育县域财政的自身造血能力,减少县级对上级财政的依赖;三是通过试点,特别是对落后地区的放权,促进区域之间的协调发展,同步推进"三化"进程。这也是进行"扩权强县"试点最

① 河南省人民政府关于扩大部分县(市)管理权限的意见.河南省人民政府公报,2004年7月30日

终的落脚点。

1.与财政管理有关的优惠政策体系

(1)财政直接结算　财政实行与省财政直接结算。试点县(市)的财政预决算在报所属省辖市财政汇总的同时报省财政审核。省财政批复决算、安排转移支付和补助专款时，将试点县(市)在所属省辖市名下以"其中"形式列出，直接批复安排到县(市)。实行对省结算后，从2004年起，省财政按照存量不动、确保既得利益的原则，重新核定试点县(市)对所属省辖市本级的上解基数固定上解省级，由省财政返还所属省辖市。试点县(市)新增财政收入除中央和省级分成外，原则上全部留归县(市)。试点县(市)因财政结算体制变化对所属省辖市本级财力造成较大影响时，由省财政根据省辖市本级财力状况给予适当补助。相关省辖市2004年前对试点县(市)的财政补助和追加专款(剔除一次性因素)，按2003年以前3年平均数专项上解省级，由省财政直接补助到县(市)。试点县(市)现金管理体制随财政结算体制变化相应调整。试点县(市)政府的财政决算由省审计部门直接审计。

(2)税权部分扩大　因自然灾害等不可抗力需要税收减免的，由县(市)有关部门直接报省有关部门按有关规定办理。30亩以下的耕地占用税减免，由试点县(市)自行审批，报所属省辖市备案。国税部门的涉税行政审批权限比照省辖市国税部门的审批权限执行。地税部门受理纳税人的营业税、企业所得税、税前弥补亏损、处理财产损失等政策性减免事项，依照省辖市的审批管理权限办理。投资于符合国家产业政策的技术改造项目，其国产设备投资额的40％抵免企业所得税申请，由县级地税部门受理并直接报省地税部门审核确认。

(3)经费直接划拨　省有关部门向省辖市划拨各类事业费、交通规费等建设资金、预算外返还资金、福利救济资金、科技计划项目经费等资金时，凡按规定试点县(市)应当享有的，一律在所属省辖市名下以"其中"形式直接向试点县(市)划拨。拖拉机和摩托车养路费由试点县(市)自行组织征收和安排使用，不再与所属省辖市分成；客票附加费和货运附加费、道路运输管理费征收计划由省对试点县(市)单列，征收资金直接解缴到省，客货附加费返还资金(包括征收工作经费及分成资金)和道路运输管理费分成资金由省直接拨付到县(市)，由县(市)按规定自行安排使用。省交通规费安排的农村公路建设切块补助资金对试点县(市)实行计划单列，资金直接拨付到县(市)。

2.与经济管理权限有关的政策体系

(1)用地直接报批　试点县(市)国土规划、土地利用总体规划的编制、修编和调整，由县(市)政府直接报省政府审批、报省有关部门备案，同时抄报所属省辖市有关部门。矿产资源规划(含专项规划)和土地开发整理等专项规划，由县(市)政府直接报省有关部门审批并备案，同时抄报所属省辖市有关部门。土地利用年度计划由县(市)有关部门直接向省有关部门申请核准。需省政府审批的各项建设用地，由县(市)政府直接报省政府。在县(市)区域内的省重点建设项目用地，经县(市)有关部门初步预审后，由项目法人直接报省有关部门审核、审批。省级审批的土地开发项目，矿产资源勘查、开采、保护项目，以及矿山生态环境恢复治理项目的立项，由县(市)有关部门直接报省有关部门审批。试点县(市)有关部门自行设置乙类矿产中型以下的采矿权。

(2)证照直接发放　县(市)有关部门直接向行政管理相对人核发省辖市权限内的各类证照。主要包括经营性收费、商业流通、对外贸易、质量技术监督、工商行政管理、建设、交通、农业、林业、水利、科技、教育、食品药品监督管理、卫生、文化、体育、旅游、民政、劳动用工、社会保障、户籍、统计等方面的证照。试点县(市)工商行政管理部门享有省辖市工商行政管理部门的企业登记管理权限。

(3)政策直接享有　省政府及有关部门依据法律、法规和行政管理的实际需要，委托省辖市政府及有关部门代行的管理权限，试点县(市)同时享有。国家和省在经济社会发展和国民经济管理方面新制定的各项政策，包括经济管理体制改革中新确定的管理权限划分，凡省辖市享有的，试点县(市)均直接享有。

3.与信息传递有关的政策体系

(1)计划直接上报　试点县(市)的国民经济和社会发展年度计划、中长期规划、专项规划、行业规划，以及各业务部门的专业计划、业务报表，由县(市)有关部门直接向省有关部门上报、衔接，同时抄报所属省辖市有关部门。省有关部门对试点县(市)的计划指标进行直接平衡，并在其所属省辖市名下以“其中”形式列出。

(2)统计直接报送　试点县(市)的统计指标由县(市)有关部门直接向省有关部门对口上报,并抄报所属省辖市有关部门。省有关部门依据统计法律、法规,提供、发布分地区统计资料时,将试点县(市)的资料在所属省辖市名下以“其中”形式列出。

(3)信息直接获得　省政府召开的综合性会议、省政府各部门召开的专业性会议、发放的各类文件、指导工作的各类信息,凡是省辖市参加或享有的,均扩大到试点县(市)。

3.2.3　基本评价

1.“扩权强县”改革进一步延伸了分税制的地方利益调整格局

从20世纪70年代的放权让利到20世纪80年代的财政包干体制,再到20世纪90年代的分税制改革,如何合理划分中央和地方的利益关系、调动地方政府的积极性,这不仅始终是中国财政体制的改革要点,也是我国经济体制改革的突破口之一。但我们应该看到,分税制改革并没有对省以下行政层级的财权和事权划分给予明晰,而且更进一步的是,经济分权还不足以构成地方政府发展经济的全部激励。省级政府更加明智地采取了经济社会管理权限的下放,这在更大程度上拓展了地方的管理权限空间和范畴,通过管理权限的再分配有效地分割了财权与事权不对等的矛盾,将权力在市级政府与县级政府之间进行了再调配。我国的经济分权是在政治集权下的分权,晋升激励使得地方官员有很高的热情推动地方经济的发展和繁荣(周黎安,2004)。从另一个角度讲,这使地方更有效地利用了自身所掌握的信息容量,将信息转化行政能力,再进一步转化为财政能力,进而调整了县级和市级,乃至省级行政单位之间的利益格局。

2.“扩权强县”改革改变了县级政府的财政收入结构

县级管理权限的改变不仅仅改变了市级和县级之间的管理权划分格局,降低了管理层级,扩展了管理幅度,对地方财政而言,更重要的是改变了县级政府的收入结构。一方面,县级政府可以直接获得省级政府的拨款和财政转移,而无须担心市级政府进行财政利益的再分配造成的直接财政损失。县级政府得到的信息更加直接,不会产生传递扭曲;另一方面,管理权限的重新划分在更大程度上拓展了地方政府的财政来源,这实际上是对省级、市级和县级政府之间的税收和再分配办法进行了初步的调整和理顺。它的意义在于,在未改变大的税收分配格局和现行行政构架的情况下,使县级政府的财政收入结构发生了重大变化,虽然可能由于县级产业的不同,不一定产生预期的效果,但这毕竟是在没有发生较大动荡的前提下实现了财政收入根本性的结构变化。

3.“扩权强县”改革改变了地方政府的激励结构布局

从大的方面看,这是通过“分权”形式,在以省为单位的行政机构中模拟类似企业管理的激励机制。在现有的体制架构下,地方政府拥有当地的大量政治、经济和社会资源,对地方官员进行适度的激励,让他们分享到当地经济发展的收益,会使他们有动力去推动经济增长。根据传统的契约理论,政治组织中的激励不同于经济组织中的激励。政治组织委托人的偏好往往是异质的,但在中国的现实条件下,往往通过考核指标与官位升迁将地方官员的偏好统一到发展经济上来,在这里,无非是将赋予地方官员更多的管理权限与前两个因素相结合,刺激了激励相容的产生。那么,另外一个不同是政治组织的多任务性,即除了效率和经济增长之外,政治组织还需要追求社会公正、收入平等、环境保护、公共服务质量等目标,这又是如何解决的呢?这往往与中央的政策导向有很大关系,同时通过考核指标与中央政策导向的一致性与官员的政治资源相挂钩,这又进一步刺激了相关的激励因素的产生。从以上角度讲,“扩权强县”改革本身是一种对现有激励结构的再优化,逐步实现了多个层面上对地方政府官员的激励相容。

4.“扩权强县”举措可能带来的问题

扩权强县的举措给县级财政带来了新的发展机遇,但同时也会带来新的问题,主要表现在以下方面:第一,地级市对扩权县市的支持减少。例如,一些已经审批的项目,省里拨付了资金,而要求地级市配套的资金没有拨付,财政配套资金出现问题,会给扩权市县的发展形成制约。第二,省直部门在扩权改革中定位不清。一些部门对地区的经济发展起着重要作用,但部门内部自上而下有既定的行政体制和管理体制,扩权改革在这种既定体制面前有些无能为力。第三,经过扩权改革的县市与原隶属地级市管理脱钩,易造成其与原隶属地级市的矛盾。扩权县市不仅要正确行使省级政府赋予的权力,而且要维护与地市领导的关系,协调工作量大大增加。

3.3　河南省 W 县县级财政收入结构分析

由于财政数据相对敏感和数据的可得性等具体原因,在本书的分析里主要采用河南省的“扩权强县”试点 W 县的财政数据。一个县的数据诚然不能反映河南省乃至整个中部地区县级财政的支出变化情况,但由于该县是河南省典型的农业大县,具有一定的代表性。且希望能够通过解剖麻雀,以小见大,真正从“扩权强县”试点的角度深入分析,揭示出管理分权对财政支出的影响,以期从一个侧面和案例证实前面所提出的假说,这对我国今后省级向县级财政分权改革也可以提供有益的借鉴和参考。

3.3.1　河南省 W 县经济社会发展基本状况

1.总体状况

河南省 W 县位于豫东平原,总面积约 1 307.7 千米^2,其中耕地 120.53 万亩,人均 1.78 亩,辖 9 乡 8 镇,512 个行政村,141 983 户,总人口 67 5581 人,其中农业人口 649 232 人(占总人口的 96.1%)。从 2000—2009 年,该县的 GDP 从 36.43 亿元增长到 2009 年的 159.01 亿元,年均增长 17.79%。其中,2009 年 W 县完成生产总值 159.01 亿元、增长 12.8%,其中第一产业增加值 31.2 亿元、增长 4.1%,第二产业增加值 90 亿元、增长 13.6%,第三产业增加值 35.7 亿元、增长 16.7%;一般预算收入 3.42 亿元、增长 4.6%;全社会固定资产投资 76.37 亿元、增长 20.7%;社会消费品零售总额 40.56 亿元、增长 19.6%;城镇居民人均可支配收入 11 342 元、增长 13.3%;全社会用电量 5.19 亿千瓦时、增长 15.3%;金融机构各类存贷款余额分别为 50.83 亿元、33.04 亿元,分别增长 16%、29%,其中新增贷款为 9.6 亿元,占全市新增贷款总额的 70%。

2. 主要财政状况

由于该县主要是农业大县，其财政状况并不算太好。财政总收入从 2000 年的 2.03 亿元逐步增长到 2008 年的 10.9 亿元，到 2009 年为 13.42 亿元(图 3-2)。财政收入稳步增长，其占 GDP 的比重也一直在发生变化，2000 年财政收入占 GDP 的比例为 5.58%，到 2009 年则上升到 8.44%。应该说，除了 2001 年以外，此后年份均有不同程度的上涨。但如果扣除掉转移支付，其在 GDP 中的比重锐减，以 2009 年为例，本县财政收入(无转移支付)仅占该年 GDP 的 2.15%。这同时反映了两个问题，一是财政收入与经济发展的正常增速并不匹配，显然财政收入要快于经济增长；二是反映了没有转移支付的情况下，该县在以农业为主的产业结构下自身财政收入的乏力(表 3-1)。

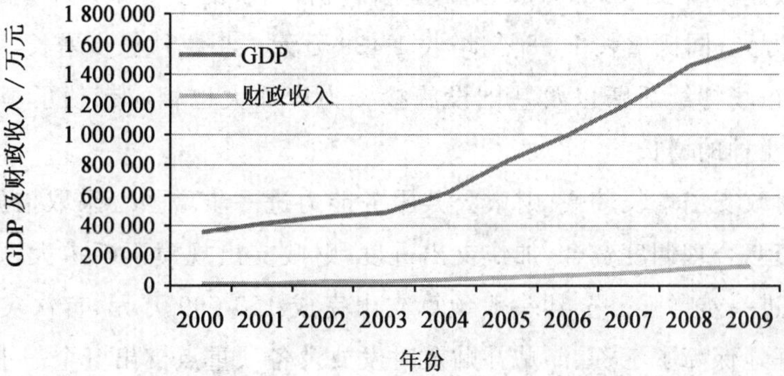

图 3-2　W 县 2000—2009 年 GDP 及财政收入状况

表 3-1　W 县 2001—2009 年 GDP 与财政收入状况

项目	2000 年	2001 年	2002 年	2003 年	2004 年	2005 年	2006 年	2007 年	2008 年	2009 年
GDP /万元	364 267	416 746	455 966	488 696	618 887	822 313	997 844	1 210 020	1 458 598	1 590 118
财政收入 /万元	20 309	19 913	27 403	31 547	41 226	56 110	65 515	85 857	109 000	134 253
占 GDP 比例/%	5.58	4.78	6.01	6.46	6.66	6.82	6.57	7.10	7.47	8.44

(1)全县经济运行较为平稳,财政收入稳定增长,收支规模再上新的台阶　一般预算收入同比稳步增长,税收比重稳步上升。2010 年,县里实施扩内需、促增长的政策。全县财政收入目标的完成主要得益于以下几个方面:一是 2010 年经济形势逐步好转、收入征管进一步加强以及部分预算外收入项目纳入预算内管理等因素。县里许多外向型企业收入大幅增长,税收收入增幅明显上升。二是县乡两级财税部门采取措施确保应收尽收。三是完善收入目标考核体系,加强了对各征收部门和乡镇收入目标的督导和考核。

(2)主体税种稳步增长,多项税种呈现增长势头,成为拉动收入增长的主要动力　2010 年,主体税种累计完成 17 125 万元,同比增长 18.6%,增收 2 696 万元。其中增值税增长 30.1%,营业税和上年持平,企业所得税增长 48.9%,城建税增长 38.8%,成为拉动主体税种增长的主力军。小税种累计完成 8 719 万元,同比增长 19.8%,增收 1 439 万元。小税种稳步增长,主要原因是房地产市场持续活跃以及基础设施投资力度加大也相应带动了契税、耕地占用税等税种的增长。

(3)财政支出增长较快,财政公共服务能力进一步增强　采取措施进行严格支出管理,合理调度资金,加快支出进度,财政支出规模不断扩大,财政公共服务能力进一步增强。全县一般预算支出完成 150 099 万元,首次突破 15 亿大关,较好地保障了工资、津贴补贴及时发放及各项重点支出资金需求。

(4)乡镇经济发展态势不容乐观　各乡镇受国际国内经济形势的影响,加上再生资源等政策的调整,税收收入增幅减缓,2010 年乡镇级预算收入完成 21 337 万元,同比增长 13.9%,但仍有乡镇没有完成年初预算。

3.3.2　县级财政收入的主要结构与变化特征

由于我们主要想考察该县在扩权强县试点前后财政收入的变化,因此,在选定时间点的时候主要将 2004 年作为节点,但考虑到 2007 年 1 月 1 日实施的《政府收支分类改革方案》中,各级政府的财政支出结构采用了新的分类体系,用于制定和编制预算。基于可对比性和准确性的考虑,我们把 2007 年之前与之后的数据分开比较。同时,由于在 2000—2010 年这个时间段内,有几项重大事件密集上演:一是 2000 年国家进行的农村税费改革试点,2002 年河南省进行的农村税费改革方案推行;二是2004年河南省推行的“扩权强县试点”,2007年11月又进行了部分权利上收;三是2007年国家财政统计数据编制方法和统计口径变化;四是2008年的全球金融危机,由于该县地处内陆,对其造成的影响到2009年才开始显现。这些因素都给以下将要进行的研究造成了很多困难。

1.县级财政的收入来源和结构

我国的县级财政体制并没有发生重大变化,只是在其内部的收支结构上发生了一些调整。按照目前我国的财政体制,一般来说,县级财政收入分为预算内收入、预算外收入和自筹资金3个部分。预算内收入主要包括预算内的专项税费收入,主要包括国税和地税两个大类。其中,国税包括工业增值税和消费税两个大的税种,地方税包括工商营业税、所得税、契税、农业税、农业特产税、屠宰税等。在我国完全取消农业税后,农业特产税和屠宰税也一并取消了。这部分收入主要支持农业生产、基础设施建设、提供公共服务、行政事业部门的工资及共用经费等。目前支出的大部分集中在教师(主要是中、小学)的工资和公用经费,即典型的“吃饭财政”。预算外收入则包括各种地方性的收费、基金、集资、保证金、捐资等,名目繁多。这部分收入的支出主要用于维持政府部门的日常运转,即政府部门的办公用品、交通费用、招待费等。自筹资金则普遍比较混乱。来源是乡镇企业上交的利润和管理费、村提留、乡统筹、各种集资收入及各种罚没收入等。支出主要用于农村公共建设、公共服务、教育支出及农村集体福利等。

在这种财政体制下的县级财政运转的情况是:预算内的财政收入能够维持收入平衡,即预算内收入发放政府部门和乡村教师的工资,预算外资金一般情况下保证乡政府的日常运转和乡村公共商品的提供,如校舍维修、道路建设及农田基本建设等。

(1)财政收入的项目来源变化　W县的财政收入结构经历了3次影响较大的调整,一是2002年推行的农村税费改革,将农业税提高到本县财政税费总收入的46%;二是随后在2004年推行的“扩权强县”试点,将一些经济管理权限分权到县,扩展了W县的财政权利范围;三是2005年全面取消农业税,彻底取消了县级政府对农业税收的依赖,同时加大了转移支付规模和项目。这是该县财政收入结构发生变化的几个基点。

按照2006年2月,财政部预算司颁布的《政府收支分类改革方案》(财预[2006]13号)的分类方法,W县的财政收入来源主要来自3个方面的资金:一是税收收入;二是非税收收入;三是转移支付。我们重点分析推行农村税费改革之后,进行"扩权强县"试点改革之前的2003年和进行"扩权强县"试点改革之后的2007年以及2010年的财政收入情况,因为这3年具有相对典型性和代表性。从分项看,2003年的税收收入主要包括增值税、营业税、企业所得税、个人所得税、资源税、固定资产投资方向调节税、城市维护建设税、房产税、印花税、城镇土地所有税、车船使用和牌照税、屠宰税、农业税、农业特产税、契税等15项税种。在2005年,根据中央要求,河南省取消了农业税、屠宰税和农业特产税,2006年,取消了固定资产投资方向调节税,增加了耕地占用税,形成了延续至今的12项税种。非税收收入主要包括行政性收费收入、罚没收入、专项收入、政府基金收入[①]、其他收入等5项收入类型。转移支付收入则变化较大,在2003年时,主要包括上级补助收入、国债转贷收入、调入其他资金等3大项,其中,上级补助收入又包括税收返还补助、专项拨款补助、转移支付补助、增发国债补助、增加工资专项、专项结算补助、其他补助等7项。随着农村税费改革和取消农业税的深入,2004年增加了农村税费改革转移支付补助、取消特产税降低农业税率转移支付补助和调整工资转移支付补助。2005年又增加了缓解县乡财政困难转移支付补助,2007年将农村税费改革转移、取消特产税农业税转移支付合并为农村税费改革补助。具体财政收入项目来源变动可参见表3-2。

---

① 政府性基金,是指各级人民政府及其所属部门根据法律、国家行政法规和中共中央、国务院有关文件的规定,为支持某项事业发展,按照国家规定程序批准,向公民、法人和其他组织征收的具有专项用途的资金。包括各种基金、资金、附加和专项收费。基金收入亦称为专款收入或预算外收入,指具有专门用途或对应的支出科目的财政收入。主要包括工业交通部门、商贸部门、文教部门、农业部门、其他部门的基金收入和社会保障基金收入、地方财政税费附加收入、基金预算调拨收入等。2007年,按照新的财政统计方法,国有资产经营收益项被取消。2010年9月财政部《政府性基金管理暂行办法》(财综〔2010〕80号),指出:政府性基金预算编制遵循"以收定支、专款专用、收支平衡、结余结转下年安排使用"的原则。政府性基金支出根据政府性基金收入情况安排,自求平衡,不编制赤字预算。各项政府性基金按照规定用途安排,不得挪作他用。

表 3-2　W 县 2003、2006、2007、2009 年财政收入项目变化状况

项目	2003 年	2006 年	2007 年	2009 年
税收收入	增值税 营业税 企业所得税 个人所得税 资源税 固定资产投资方向调节税 城市维护建设税 房产税 印花税 城镇土地所有税 车船使用和牌照税 屠宰税 农业税 农业特产税 契税	增值税 营业税 企业所得税 个人所得税 资源税 城市维护建设税 房产税 印花税 城镇土地所有税 车船使用和牌照税 耕地占用税 契税	增值税 营业税 企业所得税 个人所得税 资源税 城市维护建设税 房产税 印花税 城镇土地所有税 车船使用和牌照税 耕地占用税 契税	增值税 营业税 企业所得税 个人所得税 土地增值税 城市维护建设税 房产税 印花税 城镇土地所有税 车船使用和牌照税 耕地占用税 契税
非税收收入	国有资产经营收益 行政性收费收入 罚没收入 专项收入 其他收入	国有资产经营收益 行政性收费收入 罚没收入 专项收入 其他收入	行政性收费收入 罚没收入 专项收入 其他收入 政府基金收入	行政性收费收入 罚没收入 专项收入 其他收入 政府基金收入
转移性收入	上级补助收入 税收返还补助 专项拨款补助 转移支付补助 增发国债补助 增加工资专项 专项结算补助 其他补助 国债转贷收入 调入其他资金 调入预算外资金 调入基金资金 其他	上级补助收入 消费和增值税返还 所得税基数返还 专项补助 一般性转移支付 调整工资转移支付 农村税费改革转移 中小学教师工资 取消特产税农业税 转移支付 缓解县乡财政困难 转移支付 增发国债补助 结算补助 调入其他资金 调入预算外资金 调入基金资金 其他	上级补助收入 消费和增值税返还 所得税基数返还 一般性转移支付 调整工资转移支付 农村义务教育补助 农村税费改革补助 缓解县乡财政困难 转移支付 结算补助 专项转移支付 调入其他资金	上级补助收入 返还性收入 消费和增值税返还 所得税基数返还收入 成品油和税改返还 一般性转移支付收入 均衡性转移支付 调整工资转移支付 农村税费改革补助 县级财力保障奖补 结算补助收入 化解债务补助收入 公共安全转移支付 教育转移支付收入 社保和就业转移支付 其他一般性转移支付 专项转移支付收入 专项补助收入 增发国债补助收入 转贷地方政府债券收入 调入资金

(2)各项财政收入结构分析　虽然W县的财政收入逐年增长,且增长水平较高,财政总收入从2000年的2.03亿元逐步增长到2008年的10.9亿元,8年间增长了8.87亿元。但我们将财政收入分项研究就可以发现,从2001年开始,转移支付的收入就开始高于其他两项,并逐年递增,增长速度远远超出其他两项的收入。从2000年的6 504万元增长到2008年的76 324万元,整整增长了11.7倍。而税收收入就没有那么喜人了,从2000年的6 748万元增长到2008年的21 246万元,仅仅增长了3.1倍。非税收收入则从2000年的7 057万元增长到2008年的11 430万元,仅增长1.6倍。这一方面反映出该县对转移支付的严重依赖,同时,也反映出该县在自我造血机能和持续发展方面的乏力(图3-3)。

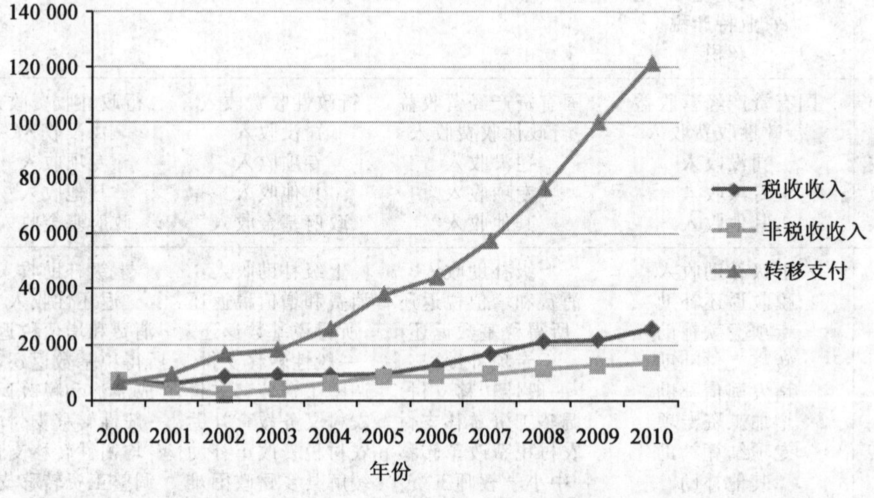

图3-3　W县2000—2010年税收收入、非税收收入和转移支付收入总额情况

从税收收入、非税收收入和转移支付收入三大项所占比例分析。如图3-4所示,从2003年W县的财政收入构成看,转移支付占到财政总收入的58%,税收收入占到29%,非税收收入占到13%。2007年,转移支付占到财政总收入的68%,2009年则继续上升到74.55%,与2003年相比上升了整整14.5个百分点,税收收入所占比例则下降到16.17%,与2003年相比下降了13个百分点,非税收入变化不大,下降了3个百分点,占到财政总收入的10%左右

（图 3-5）。税收收入比例减小的原因并不在于其自身增长发生较大变化，而在于转移支付的增长速度太快。这大体上能够反映两个方面的问题：一是国家财力确实在快速增长，但趋势是财力的向上集中和国家、省级政府两级对财力的再调节色彩明显；二是地方在没有明显支柱产业支持下，自身的财力增长并不会有突破性的进展，相反，对转移支付的依赖程度在不断加深，同时其支出方向也会受到这种依赖程度的影响。

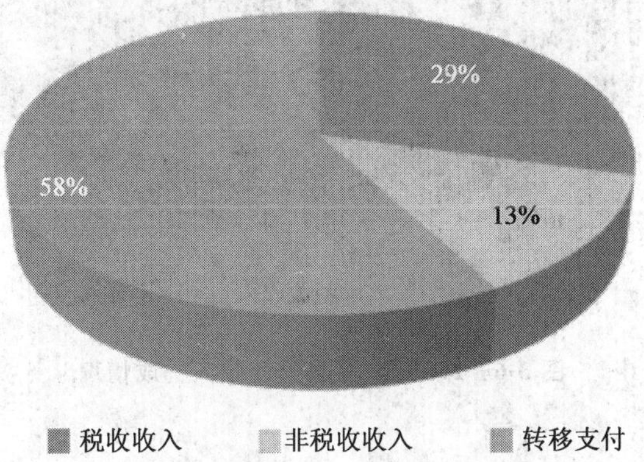

图 3-4　2003 年 W 县财政收入构成情况

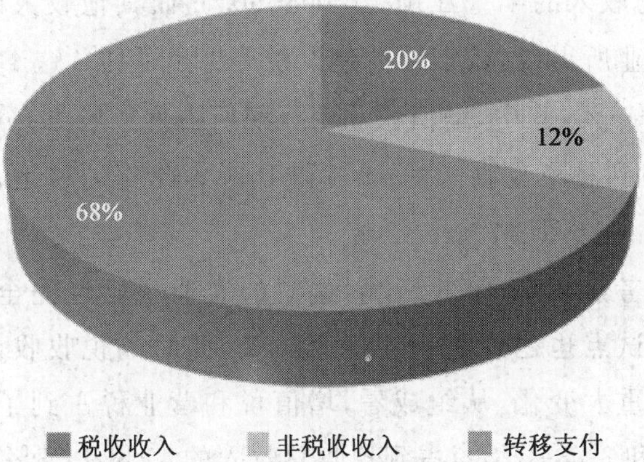

图 3-5　2007 年 W 县财政收入构成情况

如果将 2005 年的饼图（图 3-6）与 2007 年的 3 项收入饼图放在一起观察，还会发现一个有意思的转变，即通过扩权强县的分权改革，该县的非税收收入所占比例在不断减小,而扣掉转移支付后的税收比例在不断上升,也就是说,W县的预算外收入在不断得到规范,这有利于财政预算的透明化和执行有效性的提高。

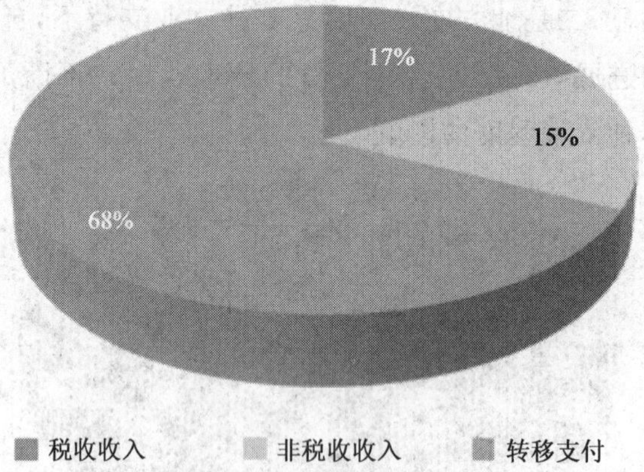

图 3-6　2005 年 W 县财政收入构成情况

下面具体从税收收入、非税收入和转移支付的子系统结构来进行分析。首先,来看税收收入。在 2003 年农业税没有取消之前,农业税总额为 4 651 万元,占到了税收总收入的半壁江山,达到了 50%,而其他较大的税种主要是增值税、营业税、企业所得税、城市维护建设税等 4 大税种。这 4 个税种加起来占到总税收收入的 43%,其中,增值税和营业税所占份额较大,分别为 1 762 万元和 1 414 万元,占到总税收收入的 19%和 15%。此时的耕地占用税仅仅占到所有税收收入的 1%(图 3-7)。

我们进一步考察 2007 年的情况,这时的农业税已经完全取消,同时进行"扩权强县"改革试点也已经进行了 3 个年头,此时的税收收入的项目类型和比例已经发生了重大变化,从组成看,增值税和营业税占到了税收的大头,分别为 6 605 万元和 3 739 万元,占到税收总收入的 41%和 23%。还有其他一些税种比例也较大,如城市维护建设税和耕地占用税。此时,发生较大变化的主要是耕地占用税,以前的耕地占用税无论从税收绝对数还是比例都开始上升,从 2003 年的 136 万元,仅占税收总额的 1%,迅速攀升到 2007 年的 1 344 万元,占到税收总额的 8%(图 3-8)。

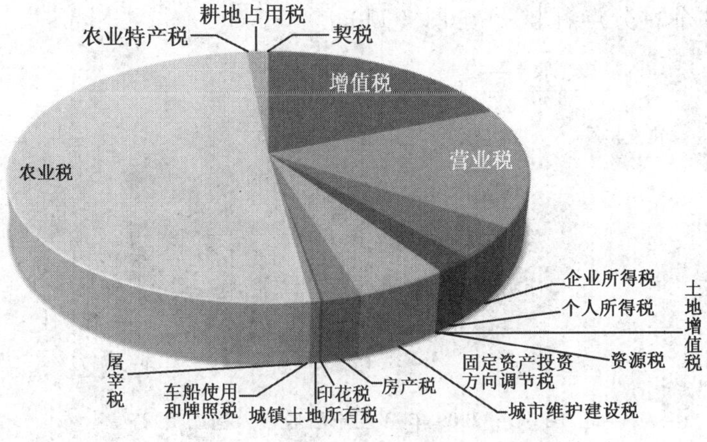

图 3-7　2003 年 W 县税收收入构成情况

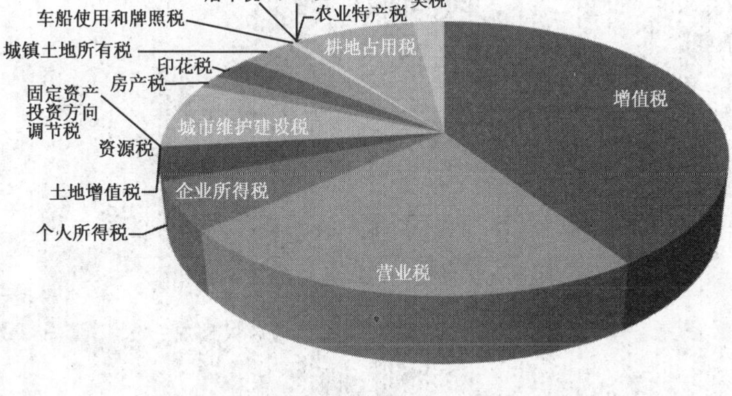

图 3-8　2007 年 W 县税收收入构成情况

到 2010 年,则情况发生了更多变化,从税种方面增加了土地增值税。

其次,从非税收入项下考察。非税收收入主要包括行政性收费、国有资产经营收益、罚没收入、专项收入以及其他收入。从 2003—2009 年也发生了一些新的变化,非税收收入从 2003 年的 4 029 万元增长到 2007 年的 9 641 万元,到 2009 年达到 12 459 万元,增长迅速。从其内部结构来看,行政性收费项目比例有所降低,罚没收入比例变化不大,但政府基金收入变化较大,有了较快增长。其中,行政性收费收入占到非税总收入的 72%,罚没收入占到了 19%,专项收入占到 8%。与 2007 年相比,行政性收费的比例进一步提高,上升 3 个百分点(图 3-9 至图 3-11)。

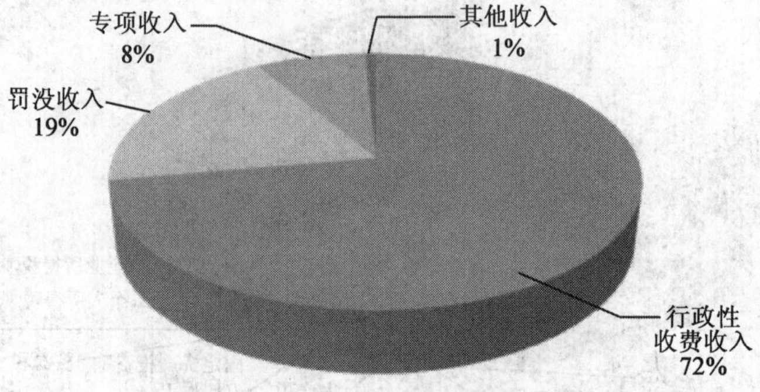

图 3-9　2009 年 W 县非税收收入构成情况

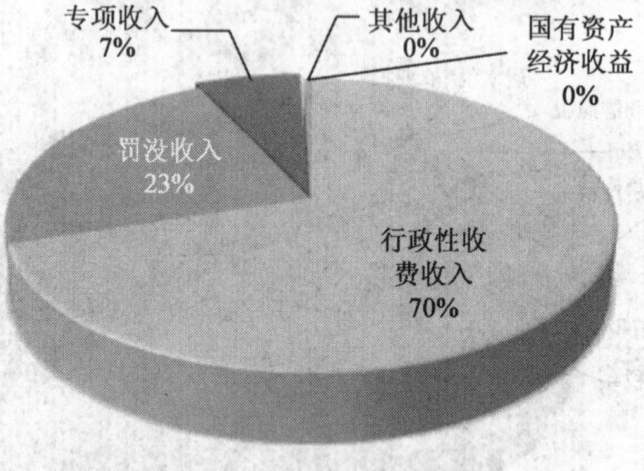

图 3-10　2003 年 W 县非税收收入情况

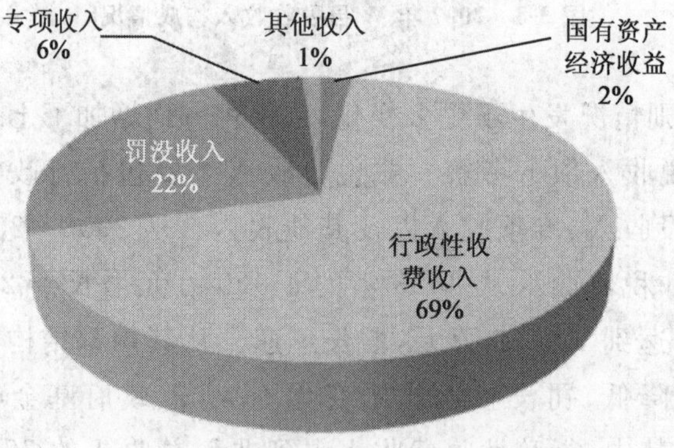

图 3-11　2007 年 W 县非税收收入情况

再次,从转移支付收入考察。从转移支付的项目看,2003 年主要包括上级补助收入、国债转贷收入和调入其他资金。上级补助收入占到了整个转移支付的 91.0%,为 18 251 万元;作为其他较大项下的转移支付就是国债转贷收入,占到约 6%。到 2010 年,转移支付的种类更加丰富,主要包括上级补助收入、转贷财政部代理发行地方政府债券收入、上年结余和调入资金。其中,上级补助收入又包含有返还性收入、一般转移支付收入、专项转移支付。转移支付总收入已经跃升到 11.333 7 亿元,转移支付力度进一步加大。但没有改变的是上级补助仍然占到转移支付的主体,约占 91.9%,所占比例进一步上升(表 3-3)。

表 3-3　2003—2010 年 W 县转移支付项目资金汇总　　万元

项目	2003 年	2004 年	2005 年	2006 年	2007 年	2008 年	2009 年	2010 年
上级补助	17 394	27 087	38 340	44 961	42 924	53 023	92 751	104 155
税收返还	1 957	3 071	3 395	3 667	4 007	4 441	4 236	4 422
专项拨款	3 572	5 694	8 067	9 199	16 229	23 359	32 616	41 822
转移支付	1 811	5 828	9 462	10 477	13 760	22 140	55 899	28 764
税改转移	—	2 759	2 759	2 784	8 831	8 828	8 828	
特产税转移	—	2 580	6 039	6 039	—	—	—	
缓解困难	—	—	1 710	3 763	3 047	3 698	4 188	
增发国债	580	1 113	855	—	—	—	—	
增加工资	5 476	5 963	5 963	8 837	11 711	11 711	11 711	
村义务教育		—	470	470	1 459	2 058	5 843	
化解债务	—	—	—	—	—	—	1 600	
专项结算	34	79	90	195	109	147	12	
其他补助	3 964	—	—	—	—	—	106	
国债转贷	200	—	—	—	—	—	2 910	3 874
上年结余	−441	−1 332	−231	−1 088	−271	−498	2 291	1 659
调入资金	1 098	—	—	346	459	440	2 133	3 649
合计	18 251	25 755	38 109	44 219	59 341	76 324	100 085	113 337

注:税收返还项下主要包括消费税和增值税税收返还、所得税基数返还和出口退税基数返还等子项,根据每年的情况略有变动。2010 年的情况由于时间较短,地方财政局还未完全整理出来,这只是初步数据。

(3)W县各乡镇的收入状况　1983年全面撤销了人民公社后,成立了乡镇政府,乡镇财政随之成立。中央赋予乡镇财政发展地方经济、提供公共服务和维护社会稳定的职能。从W县的情况来看,近年来,县级的地方可支配收入增长变化很快,但由于土地面积、人口数量、经济总量、产业结构等基础性原因,以及均衡性支付有限等原因,县乡以及各乡镇之间的财政可支配收入有着很大差异,这也造成财政在县域经济内部的配置不平衡,形成地区发展差异。W县的乡镇财政可支配收入有以下特征:①县域和乡镇之间的可用财力相差悬殊;②乡镇之间的收入水平差距有不断拉大趋势;③各乡镇人均收入水平参差不齐。

县域和乡镇之间的可用财力相差悬殊。县域和乡镇之间的收入来源不同,也决定了二者之间的可用财力具有巨大的不平衡性。从样本县情况看,W县的可用财力从2003年的315 47万元增长到2008年109 000万元,2010年县财政收入进一步增长到160 714万元。而乡镇收入2003年仅为7 861万元,为县财政收入的24.9%,2008年则增长到32 676万元,也仅为县财政收入的2010年30.0%,2010年乡镇收入下降为23 376万元,其占财政总收入的比例则降低到14.55%,乡镇的财力基础进一步削弱。从乡镇的财政收入能力来看,其波动幅度还是比较大的,这可能有两方面的原因,一是受乡镇自身的资源禀赋的影响,产业基础较为薄弱,受市场波动变化的影响较大,抗冲击能力较差,无法为乡镇自身发展提供稳定充足的收入来源;二是县级政府由于本身运转、社会发展、民生改善、城关镇建设等方面还需要更多的支出,无力为乡镇提供足够的转移支付提升乡镇的财政能力。

乡镇之间的收入水平差距有不断拉大趋势。从经济发展形势看,不同乡镇之间的发展差距逐步开始显现,不同类型乡镇收入的增减变化趋势具有较大差异。按照发展情况来看,大致可分为3种类型,第一类是呈加快发展的发达乡镇,主要以城关镇等4个乡镇为代表。如城关镇2003年的财政收入达到718万元,到2007年上升到3 135万元,年均增速达到44.55%;相对于第二梯队的岗李乡12.30%的增速快32个百分点;第二类是收入保持稳定增加的乡镇,主要以岗李乡等11个乡镇为代表。这些乡镇增长速度相对稳定,以岗李乡为代表的11个乡镇2007年平均收入都在500万元以上,且这些乡镇之间的财政收入差别不是很大;第三类是收入增加缓慢,且具有较大变动的乡镇,主要以大马乡等 2 个乡镇为代表。这类乡镇收入增长屈指可数,以小陈乡为例,从 2003—2007 年的 4 年间,财政收入仅仅增长了 14 万元(图 3-12、图 3-13)。

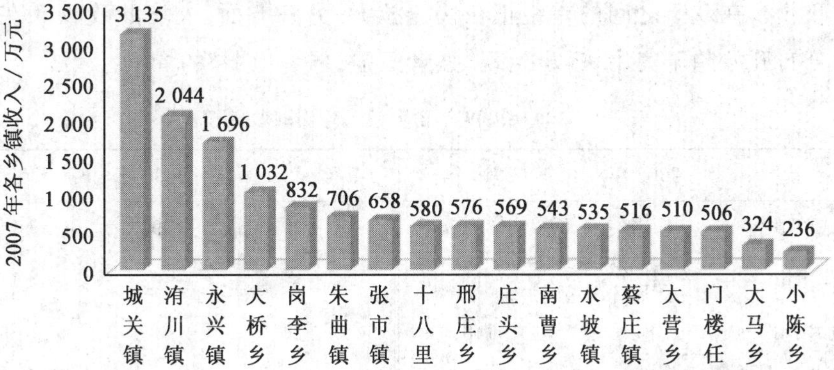

图 3-12　2007 年 W 县各乡镇收入情况

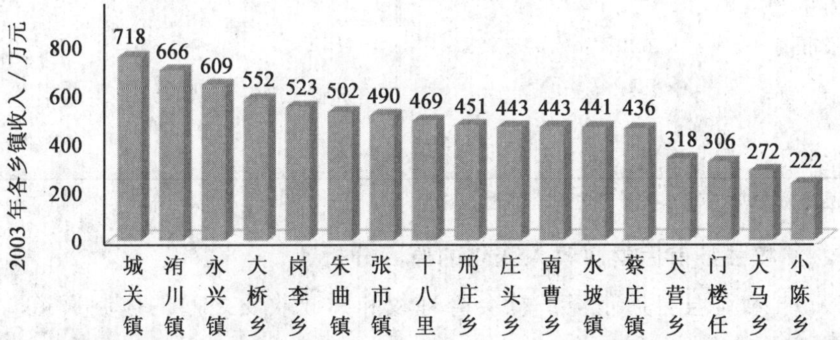

图 3-13　2003 年 W 县各乡镇收入情况

各乡镇人均收入水平参差不齐。从 2003 年和 2009 年的数据来看,各乡镇之间人均财政收入水平相差较大。2003 年人均财政收入最高的是洧川镇为 124 元,与最低的大营乡相差 57 元,前者是后者的 1.87 倍。同时,其人均财政收入区间分布为,60～80 元的有 5 个乡镇,80～100 元的有 6 个乡镇,100 元以上的有 6 个乡镇,各个区间分布基本比较平均。到 2009 年发生了一些变化。其中,各乡镇人均财政收入的差距明显拉大,人均财政收入最高的还是洧川镇为411元，最低的为水坡镇91元，前者为后者的4.51倍，与2003年相比，差距整整扩大了2.41倍。同时，人均财政收入在90～100元的有5个乡镇，100～300元的有9个乡镇，300元以上的有3个乡镇(表3-4)。这反映出，一方面人均财政收入在乡镇之间的差距正在快速拉大；另一方面，人均财政收入在各区间的分布开始趋于集中，逐步出现“强者恒强、弱者恒弱”的局面。

表3-4 2003、2009年各乡镇人均财政收入情况 元

乡镇	2003年	2009年	乡镇	2003年	2009年
城关镇	112	393	庄头乡	93	142
洧川镇	124	411	南曹乡	83	119
永兴镇	87	148	水坡镇	79	91
大桥乡	118	380	蔡庄镇	76	100
岗李乡	92	164	大营乡	66	100
朱曲镇	102	229	门楼任	87	149
张市镇	102	228	大马乡	67	277
十八里	83	99	小陈乡	74	93
邢庄乡	102	110			

注：相关数据根据该县统计年鉴整理而得。

2.扩权强县前后财政收入变化的原因分析

(1)扩权强县打通了经济社会管理权和财政收支之间的体制通道　扩权强县改革的意义是在行政层级不变的前提下，扩大县级政府的管理权限，以减少管理层次，提高工作效率，降低行政成本。改革可以推进扩权县经济快速发展，尽快形成一批经济活力强、发展速度快、综合素质高、带动作用大的县市，促进区域经济的快速发展。实行“扩权强县”更深刻的层面是运用经济管理权利向财政权利转化，管理权本身虽然不能带来财政结构的改变，但这种权利转化打通了管理和财政体制内部之间的利益转换通道，在一定程度上，在现有的财政体制框架下实现了县级财政能力的最大化，也是一种帕累托最优的表现。

(2)扩权强县带来的交易成本减少也推动着财政能力的提升　扩权强县带来的不仅仅是审批环节的减少,同样重要的是扩权县在信息和政策获取方面更加便捷,工作效率大大提高。省里传达各项政策时,大多时候直接对扩权县,这使得县级政府可以更快捷、更方便地了解省里的政策,这对地方政府及时把握政策机遇十分有利。如省里下发相关的立项通知,县级政府就可以在第一时间得到信息,然后迅速向省里上报项目。这种制度设计本身就是促进了交易成本的下降,将一部分摩擦成本转化为了县域自身的财政能力,可以说,扩权强县政策的实施极大地推动了县域经济的发展。"扩权强县"是在当前形势下的解决城乡二元经济结构的最现实选择,给经济发展较好的县以更大的自主权,为提升县域发展水平和提高自身财政能力具有不可忽视的重要作用。省级政府对试点县适当下放一些审批管理权限,既减少省一级的管理事项,又能够调动县的积极性。但要注意的是,在此过程中要重新定位市和县的功能和职责分工,进行市—县联动的配套改革。

(3)扩权强县部分改变了转移支付的游戏规则,提高了资金使用效率　"扩权强县"改革后,省级专项补助资金不再经过市级财政转拨,而是直接划拨到县,加快了专项补助资金下拨的速度并扩大了项目规模,这使公共财政支出更加有保障,资金使用效率显著提高。"扩权强县"试点改革后,省财政对县级的专项补助资金直接拨付到县级国库账户上,当天拨付当天到账,保证了各项补助资金及时到位,显著提升资金周转速度。与此同时,项目资金更加容易与省级财政部门对接,县级政府可以更具自身情况直接向省财政争取专项补助资金,不但省去了市级财政对县教育、农业、社保等支出的配套资金,而且减少了市对项目、资金、指标和审批等中间环节的提成、截留或滞延,从而确保省对县级财政的一些扶持政策和专项补助资金及时足额拨付,提高了财政支出效率,优化了县级财政支出结构。

3.3.3　农业税取消对县级财政的影响

农业税取消使以农业为主的县级财政收入减少幅度较大。长期以来,农业税一直是我国县乡财政的重要收入来源。对于以农业为主的W县也是如此。根据2000年3月《中共中央、国务院关于进行农村税费改革试点工作的通知》(中发[2000]7号)的规定,农业税按照农作物的常年产量和规定的税率依法征收。常年产量以1998年前5年农作物的平均产量确定,并保持长期稳定。调整农业税税率,将原农业税附加并入新的农业税。新的农业税实行差别税率,最高不超过7%。2002年3月,河南省根据中央试点工作精神,发布《关于印发〈河南省农村税费改革试行方案〉的通知》(豫发[2002]7号),对农村税费改革的方案进行了细化,在文件中确定了农业税税率。改革后农业税实行比例税率,全省统一执行7%。与此同时,取消了乡统筹和农村教育集资等专门面向农民征收的行政事业性收费和政府性基金、集资。取消了屠宰税,并且随同屠宰税征收的其他收费也一律停止征收。2004年5月,河南省印发了《关于降低农业税税率实施方案的通知》,农业税税率由2002年税费改革时核定的7%进一步下调到4%,降低3个百分点。2005年,则在全省范围内全面取消了农业税。政策演变的结果在表3-5中得到了很好的反映。

表3-5 W县2000—2004年农业税取消之前农业方面的税收及所占比例

税收分项	2000年	2001年	2002年	2003年	2004年
农业税/万元	718	615	4 699	4 651	2 827
屠宰税/万元	258	132	19	0	0
农业特产税/万元	864	100	12	0	0
税费收入总额/万元	13 805	10 578	10 866	13 296	15 471
占总税费收入比例/%	13.33	8.01	43.53	34.98	18.28

在农村税费改革后,县乡财政的收入结构中,农业税所占比重有了大幅度上升,这强化了县级财政对农业税收的依赖性。如表3-5所示,W县的农业税在2002年税费改革后,从2001年的615万元猛升到2002年的4 699万元,上升了7.6倍,其占总税费收入从2001年的8.01%上升到2002年的43.53%,近乎占到税费总收入的半壁江山。2003年农业税占到税费总收入的34.98%,即使2004年的农业税率下调到4%以后,农业税仍达到2 827万元,占到税费总收入的18.28%。应该说,取消农业税对县乡财政,特别是以农业为支柱产业的县乡财政产生了巨大冲击(图3-14)。

农业税取消后,该县减少了一个主体税种,只能主要依靠上级财政的转移支付来维持机构运转,根据税费改革的相关精神和农业税有关政策,中央的转

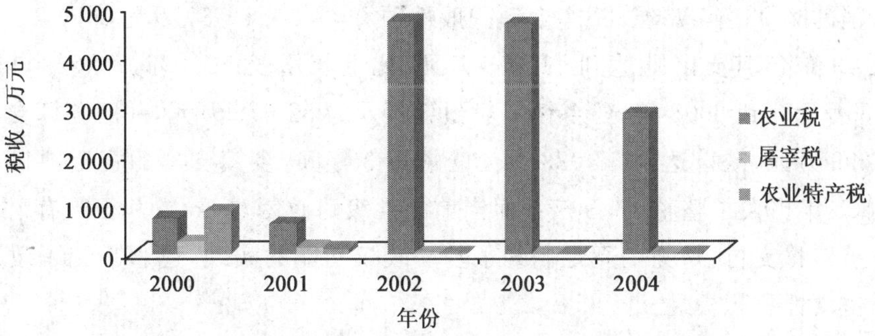

图 3-14　W 县 2000—2004 年农业税取消之前农业方面的税收变化

移支付主要是乡镇弥补税费改革带来的地方财政缺口。以 W 县为例,从 2004 年开始,由于农业税率降低,上级开始给予 W 县"农村税费改革转移支付补助"和"取消特产税降低农业税率转移支付补助"两项转移支付,分别为 2 759 万元和 2 580 万元,加上该县自身 4%税率的农业税收入 2 827 万元,2004 年在农业方面有共计 8 166 万元的收入。以此为基数,2005 年至今,上级政府对取消农业税后的县级收入减少进行了转移支付。可以看到,2005—2008 年转移支付数额并没有太大变化,2005 年为 8 798 万元,2008 年增加到 8 828 万元,仅增加了 30 万元。实际情况是,以农业税为主的乡镇财政收入相对于乡镇财政的支出是远远不够的,而这中间的差额,中央转移支付不能覆盖到(表 3-6)。

表 3-6　2005—2010 年由于取消农业税进行的转移支付情况　　万元

转移项目	2005 年	2006 年	2007 年	2008 年	2009 年	2010 年
农村税费改革转移支付	2 759	2 784				
取消特产税降低农业税率转移支付	6 039	6 039	8 831	8 828		

注:由于 2007 年对财政统计口径进行了改变,原有的"农村税费改革转移支付"和"取消特产税降低农业税率转移支付"两项合并为"农村税费改革转移支付补助"一项。

以 2005—2008 年 W 县乡镇的收入—支出为例进行说明[①]。在农业税全

① 受 2008 年的金融危机影响,但河南属于我国中部地区,使得其影响效果相对滞后,其效果在 2009 年的统计资料中才得以显现,因此,选取到 2008 年。考虑到 2009 年情况比较特殊,因此在这里不进行特别研究。

部取消的2005年,W县17个乡镇一般性预算收入为6 560万元,相对2004年增长49.6%,其支出则达到11 673万元,比上年增长56.0%,资金缺口达到5 113万元。到2008年,各乡镇一般预算收入为32 676万元,一般预算支出为100 699万元,缺口达到68 023万元。短短3年间,乡镇支出的资金缺口相对于2005年扩大了整整13.3倍。而当前的县级财政困难,导致其很难有财力用于乡镇转移支付,财力的不足制约了基层政权功能的实现,也影响到了政府工作的主动性和积极性。

3.4 县级财政的支出结构变化与调整

"县域安则天下治",县级政府是我国最重要和最稳定的政府层级,县级财政自然也扮演着不可替代的角色,既是收入的最初端,也是财政支出的最末端,很多事权与财权、集权与分权、体制与管理的矛盾都会在县级财政中得到集中反映。尽管受分税制、所得税制改革、出口退税制度改革、农村税费改革、"扩权强县"改革试点等因素的影响,近年来,随着经济社会发展要求的不断提高和政府间关系的调整,县域财政支出的增长还是很快的。总体来看,财政支出制度在县级财政制度体系中居于核心地位,它反映了县级地方政府介入经济社会发展的广度和深度,也决定和影响着县级财政收入制度、债务制度、转移支付制度及预算管理制度等。本部分将在前面分析的基础上,从W县的实际状况出发,对其财政支出进行深入剖析,力求从分权与财政公共方向转型之间的关系方面找到一些有益的结论和启示。

3.4.1 河南省W县县级财政支出的主要构成

县级财政的支出构成不但反映着县域经济的发展方向和状况,而且反映着县级财政的投入性质和对整个县域经济社会发展的调节作用。一方面,财政支出的方向和结构对县域的产业发展具有较大的引导和调控作用;另一方面,其财政支出方向也可以对县域民生方面的改善起到不同的效果,对稳定社会大局起着不可替代的作用。对于一个以农业为主的传统大县,一个对转移支付依赖性强的内陆县,同时,又是一个参与"扩权强县"改革试点的县,应该说W县还是非常具有代表性的,其财政支出的方向和取向对研究我国县级财政体制还是有很大参考意义的。

1.**县级财政支出的总体状况**

(1)W 县的财政支出 10 年来一直保持快速增长态势　随着自身产业发展和转移支付的增加,W 县的可支配财力有了大幅增加,财政支出总额也快速增长,从 2001—2010 年,财政支出从 19 913 万元增长到 160 714 万元,增长 8.03 倍,年均增速达到 26.12%。尤其是 2004 年以后增长速度更快,从 2004—2010 年 6 年间增加了 3.9 倍(图 3-15)。财政支出的快速增长既与国家快速增长的财力有关,也与经济社会发展的阶段和需求密切相关。这在一定程度上,也说明地方事权与自身所能掌握的财力之间存在着严重的不平衡。

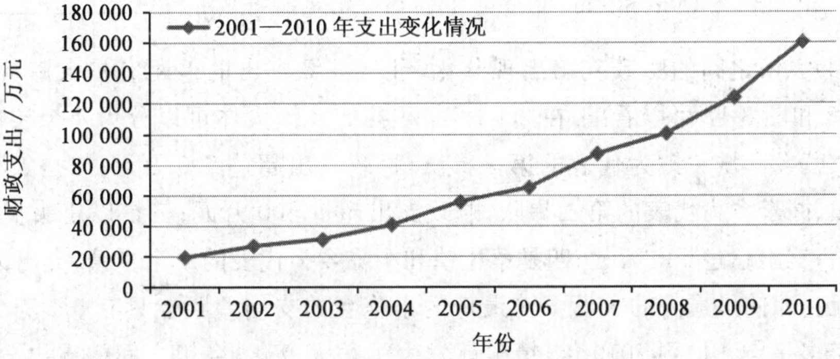

图 3-15　2001—2010 年 W 县财政支出变化情况

(2)这种财政支出的增长只是转移支付相对充裕下的相对增长　如果扣掉转移支付,一般性财政预算收入的增长速度仅为 15.72%,与年均 26.12%的财政支出增长速度相比,整整低了 10.4 个百分点。这也说明,对于 W 县这样典型的农业县,其财政支出对转移支付的依赖性不断得到加强,在这种情况下,其经济社会发展的可持续性和财政的公共方向转型都受到严峻考验。县级政府需要对本县整体的产业发展、社会事业、基础设施建设、民生改善等方面进行投资建设,但资金却更多地需要依靠上级财政转移支付。对于目前这种状况,有两种研究论点,一是认为这是县级财政困难的重要原因,即事权与财权的严重不对称;另外也有学者认为,在信息不对称的情境下,这种所谓普遍的县级财政困难很难说在某些县不是一种假象,即何种数量的财政供给都不会满足当地不断膨胀的发展需求。

(3)人均财政支出快速攀升　从W县的情况看,该县人口2009年为96.28万人,增长速度基本平稳,人口自然增长率为5.75‰。县级财政人均支出在2001年为235元,到2009年人均财政支出达到1 635元,8年间增长了近7倍。这从另一个侧面反映了W县快速的财政支出增长状况(表3-7)。

表3-7　2001—2009年W县人均财政支出情况

项目	2001年	2002年	2003年	2004年	2005年	2006年	2007年	2008年	2009年
财政总支出/万元	19 913	27 403	31 547	41 226	56 110	65 515	87 589	108 800	134 253
全县总人口/万人	84.57	84.90	85.72	86.51	88.34	90.68	92.56	94.75	96.28
人均财政支出/元	235	323	368	477	635	722	893	1 063	1 290

(4)乡镇之间的财政支出出现分化,且与县级支出的差距有扩大趋势　从图3-16和图3-17可以看出,在2003年,W县的乡镇大体可以分为4个层次,一是以大营乡和城关镇为代表的第一梯队,财政支出超过700万元;二是大桥乡、洧川镇、岗李乡为代表的第二梯队,财政支出超过500万元;三是以庄头乡等10个乡镇,支出超过250万元;四是蔡庄镇和小陈乡为代表的2个乡镇,支出为200多万元。即使是最高的大营乡与最低的小陈乡的支出差距也只有572万元,相差4倍多一点。但到2010年,情况就发生了很大变化,乡镇之间的支出分化开始形成。洧川镇的财政支出异军突起,达到了3 149万元,形成领头羊态势,财政支出超过1 000万元的有10个乡镇,财政支出在500万~1 000万元的有5个乡镇,还有1个乡镇和1个园区支出超过200万元。此时,支出最多的洧川镇和支出最少的小陈乡(因新设园区与原来乡镇的可比较性差,故刨掉)支出绝对数额差异达到2 730万元,相差整整7.5倍,与2003年相比增长了近3.5倍。

再从乡镇与县级财政的支出比较来看,趋势非常明显,乡镇的财政支出一直都处在一个相对较低的位置上,且与县级支出的差距越来越大。2001年,县财政支出为19 913万元,乡级财政支出为8 739万元,县乡之间的财政支出比为2.28∶1;而到了2010年,县级财政支出一跃成为16.07亿元,而乡级财政支出为2.34亿元,县乡财政支出比则变为6.88∶1,整整扩大了4.6倍(图3-18)。这一方面反映了乡镇财政可支配财力的薄弱和财政收入来源的乏力,另一方面,也反映出乡镇财政支出责任的切实和县级财政向乡镇财政转移支付的欠缺。

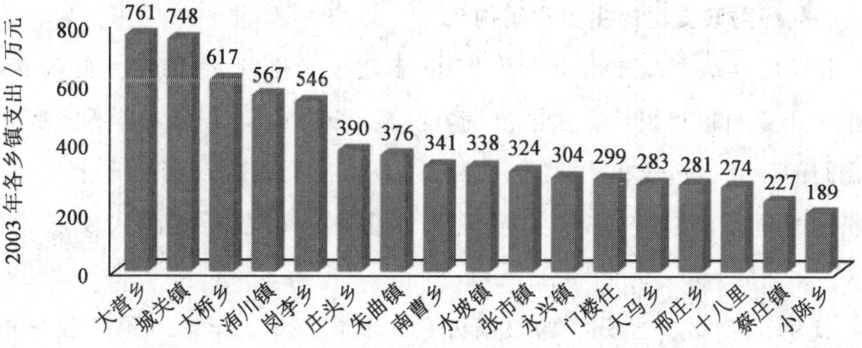

图 3-16　2003 年 W 县各乡镇财政支出情况

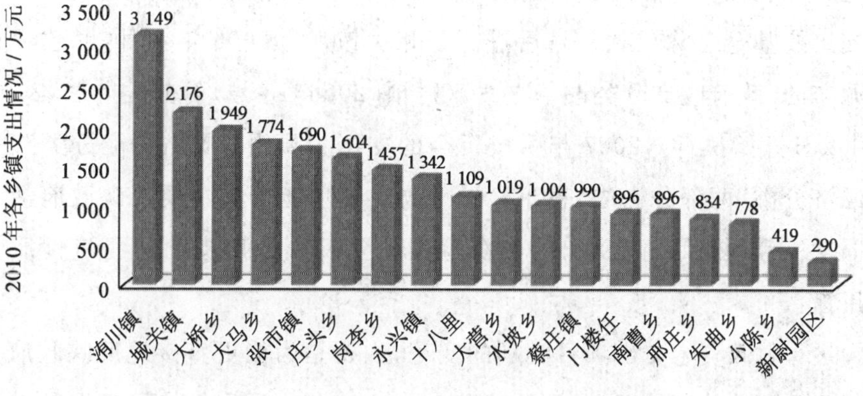

图 3-17　2010 年 W 县各乡镇财政支出情况

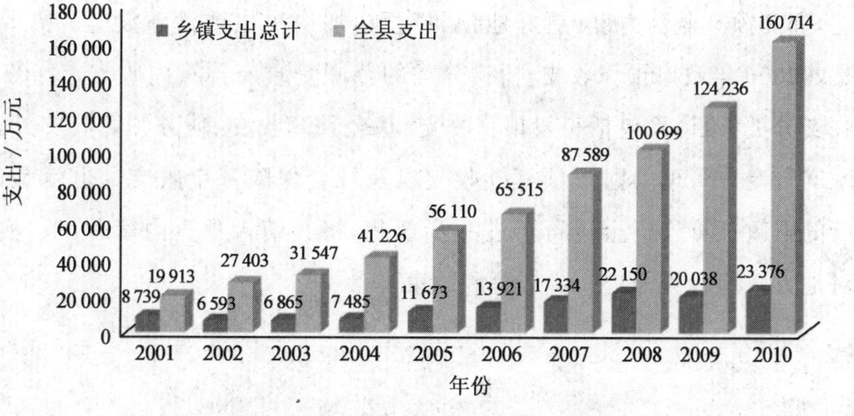

图 3-18　2001—2010 年乡镇支出与县级财政支出的对比

2.县级财政支出的主要类别构成

我国的县级财政支出类别从2000年至今变化较大,特别是财政支出分类办法几经调整和统计方法的改变,使得县级财政支出的分类不断变化,这对我们的研究也造成很大不便。县级财政支出类别的演变基本上反映了政府职能的履行和转变情况,也反映了社会主义市场经济深入发展的内在要求。

(1)我国财政支出分类的最新办法　我国《2006年政府预算收支科目》分为一般预算支出、基金预算支出、债务预算支出。其中:一般预算支出按基建、事业费、行政管理费等性质分类,类下按主要部门和行业设款;基金预算支出按基金名称设款。随后进行了相关改革。2006年2月,财政部预算司颁布的《政府收支分类改革方案》(财预[2006]13号)的分类方法(2007年1月1日开始执行),2007年财政资金的支出主要由"支出功能分类"和"支出经济分类"两部分构成(表3-8)。财政支出功能分类主要反映政府活动的不同功能和政策目标,支出的经济分类主要反映政府支出的经济性质和具体用途。

进行财政资金支出项目类别的变革,主要是为能更直接地反映政府收支全过程和职能执行情况,是国际通行分类方法与中国财政实际情况的有效结合,符合我国市场经济条件下财政分类的具体要求。有利于政府提高预算透明度,提高预算监督力度,更好地预防腐败,加快民主政治建设等。需要说明的是,《2006年政府预算收支科目》分类的范围是政府预算内收支,《2007年政府收支分类科目》除包括一般预算收支、基金预算收支、债务预算收支外,还包括了实行专户管理的财政预算外收支以及社会保险基金收支。也就是说,将政府的财政预算外资金进行了进一步规范,将其纳入预算内管理。这实际上是对地方政府行为的进一步规范和约束。

表 3-8　2007 年财政资金支出分类办法

支出功能分类(共 17 项)		支出经济分类(共 12 项)	
一般公共服务	人大事务、政协事务、政府办公厅(室)及相关机构事务、发展与改革事务、统计信息事务、财政事务、税收事务、审计事务、海关事务、人事事务、纪检监察事务、人口与计划生育事务、商贸事务、知识产权事务、工商行政管理事务、食品和药品监督管理事务、质量技术监督与检验检疫事务、国土资源事务、海洋管理事务、测绘事务、地震事务、气象事务、民族事务、宗教事务、港澳台侨事务、档案事务、共产党事务、民主党派及工商联事务、群众团体事务、彩票事务、国债事务、其他一般公共服务支出	商品和服务支出	办公费、印刷费、咨询费、手续费、水费、电费、邮电费、取暖费、物业管理费、交通费、差旅费、出国费、维修(护)费、租赁费、会议费、培训费、招待费、专用材料费、装备购置费、工程建设费、作战费、军用油料费、军队其他运行维护费、被装购置费、专用燃料费、劳务费、委托业务费、工会经费、福利费、其他商品和服务支出
外交	外交管理事务、驻外机构、对外援助、国际组织、对外合作与交流、对外宣传、边界勘界联检、其他外交支出	工资福利支出	基本工资、津贴补贴、奖金、住房公积金、提租补贴、购房补贴、社会保障缴费、伙食费、伙食补助费、其他工资福利支出
国防	现役部队及国防后备力量、国防动员、其他国防支出	赠与	对国内的赠与、对国外的赠与
公共安全	武装警察、公安、国家安全、检察、法院、司法、监狱、劳教、国家保密、其他公共安全支出	对企事业单位的补贴	企业政策性补贴、事业单位补贴、财政贴息、其他对企事业单位的补贴支出
教育	教育管理事务、普通、职业、成人、广播电视、留学、特殊、教师进修及干部继续等教育、教育附加及基金支出、其他教育支出	转移性支出	不同级政府间转移性支出、同级政府间转移性支出、不同级预算单位间转移性支出、同级预算单位间转移性支出
科学技术	科学技术管理事务、基础研究、应用研究、技术研究与开发、科技条件与服务、社会科学、科学技术普及、科技交流与合作、其他科学技术支出	对个人和家庭的补助	离休费、退休费、退职(役)费、抚恤金、生活补助、救济费、医疗费、助学金、奖励金、生产补贴、其他对个人和家庭的补助支出
文化体育传媒	文化、文物、体育、广播影视、新闻出版、其他文化体育与传媒支出	债务还本支出	国内债务还本、国外债务还本

续表 3-8

支出功能分类(共 17 项)		支出经济分类(共 12 项)	
社会保障和就业	社会保障和就业管理事务、民政管理事务、财政对社会保险基金的补助、补充全国社会保障基金、行政事业单位离退休、企业关闭破产补助、就业补助、抚恤、退役安置、社会福利、残疾人事业、城市居民最低生活保障、其他城镇社会救济、农村社会救济、自然灾害生活救助、红十字事业、其他社会保障和就业支出	债务利息支出	国库券付息、向国家银行借款付息、其他国内借款付息、向国外政府借款付息、向国际组织借款付息、其他国外借款付息
社会保险基金支出	基本养老保险基金支出、失业保险基金支出、基本医疗保险基金支出、工伤保险基金支出、生育保险基金支出、其他社会保险基金支出	基本建设支出	房屋建筑物购建、办公设备购置、专用设备购置、交通工具购置、基础设施建设、大型修缮、信息网络购建、物资储备、其他基本建设支出
医疗卫生	医疗卫生管理事务、医疗服务、社区卫生服务、医疗保障、疾病预防控制、卫生监督、妇幼保健、农村卫生、中医药、其他医疗卫生支出	其他资本性支出	房屋建筑物购建、办公设备购置、专用设备购置、交通工具购置、基础设施建设、大型修缮、信息网络购建、物资储备、其他资本性支出
环境保护	环境保护管理事务、环境监测与监察、污染防治、自然生态保护、天然林保护、退耕还林、风沙荒漠治理、退牧还草、已垦草原退耕还草、其他环境保护支出	贷款转贷及产权参股	国内贷款、国外贷款、国内转贷、国外转贷、产权参股、其他贷款转贷及产权参股支出
城乡社区事务	城乡社区管理事务、城乡社区规划与管理、城乡社区公共设施、城乡社区住宅、城乡社区环境卫生、建设市场管理与监督、政府住房基金支出、国有土地使用权出让金支出、城镇公用事业附加支出、其他城乡社区事务支出	其他支出	预备费、预留、补充全国社会保障基金、未划分的项目支出、其他支出
农林水事务	农业、林业、水利、南水北调、扶贫、农业综合开发、其他农林水事务支出		
交通运输	公路水路、铁路、民用航空运输、其他交通运输支出		

续表 3-8

支出功能分类(共 17 项)		支出经济分类(共 12 项)
工业商业金融等事务	采掘业、制造业、建筑业、电力、信息产业、旅游业、涉外发展、粮油事务、商业流通事务、物资储备、金融业、烟草事务、安全生产、国有资产监管、中小企业事务、可再生能源、能源节约利用、其他工业商业金融等事务支出	
其他支出	预备费、年初预留、其他支出	
转移性支出	返还性支出、财力性转移、专项转移、政府性基金转移、彩票公益金转移、预算外转移、预算单位间转移、调出资金、年终结余	

(2)W 县财政支出的主要类别　具体到一个县,财政支出就不会像以上分析的那样全面,按照该县的实际情况,其财政支出项目有了很大变化。W 县的财政支出在 2003 年主要包括:一般预算支出和基金预算支出两大类。一般预算支出又分为:各项专款支出、支农支出、行政事业费支出、价格补贴支出、专项支出、社会保障补助支出、其他支出、支援不发达地区、总预备费等 9 项支出类型,其具体包含内容见表 3-9。

表 3-9　2003 年 W 县财政支出的主要类别和子项

财政支出类别	款级科目	项级科目
一般预算支出	各项专款支出	基本建设支出、企业挖潜改造资金、科技 3 项费用、城市维护费
	支农支出	农业支出、林业支出、水利和气象支出
	行政事业费支出	工业交通、流通部门和文体广播事业费、教育支出、卫生支出、科学支出、财税审统部门事业费、抚恤和社会救济、行政事业单位离退休经费、行政管理费、公检法司支出
	价格补贴支出	
	专项支出	城市水资源费支出、排污费支出、教育费附加支出
	社会保障补助支出	
	其他支出	
	支援不发达地区	
	总预备费	
基金预算支出	文教部门基金支出、农业部门基金支出、土地有偿使用支出、其他部门基金支出	

到了2010年,按照2006年颁布的《政府收支分类改革方案》(财预[2006]13号)和《2007年政府收支分类科目》要求,W县财政支出的大类变成了:一般公共服务、公共安全、教育、科学技术、文化体育与传媒、社会保障和就业、医疗卫生、环境保护、城乡社区事务、农林水事务、交通运输、工业商业金融等事务、其他支出等共13项支出类型。与国家的财政支出收支分类科目相比(不考虑职能的分配,如外交只有国家才有此项职能),少了转移性支出一项,而这也恰恰说明县级财政的现实情况,即县级财政在自身财力依然靠转移支付的前提下,很难向下一级乡镇实现更多的转移支付。具体支出类别和子项见表3-10。其中,一般公共服务支出比国家少了12项。

如表3-10所示,县级财政支出与国家范围内的财政支出相比还是有很大不同的,县级财政更加偏重于落地的事务性支出,对宏观的管理职能方面没有过多的涉及。同时,这也反映出县级财政主要满足的还是一些非常具体的实务支出。

表3-10 2010年W县财政支出的主要类别和子项

财政支出类别	主要款项
一般公共服务	人大事务、政协事务、政府办公厅(室)及相关机构事务、发展与改革事务、统计信息事务、财政事务、税收事务、审计事务、人力资源事务、纪检监察事务、人口与计划生育事务、商贸事务、工商行政管理事务、国土资源事务、气象事务、宗教事务、港澳台侨事务、档案事务、共产党事务、民主党派及工商联事务、其他一般公共服务支出
公共安全	公安、检察、法院、司法、其他公共安全支出
教育	教育管理事务、普通、职业、成人及特殊教育、教师进修及干部继续教育、教育附加及基金支出
科学技术	科学技术管理事务、技术研究与开发、科学技术普及、其他科学技术支出
文化体育与传媒	文化、文物、体育、广播影视、新闻出版、其他文化体育与传媒支出
社会保障和就业	人力资源和社会保障管理事务、民政管理事务、财政对社会保险基金的补助、行政事业单位离退休、就业补助、抚恤、退役安置、社会福利、残疾人事业、城市居民最低生活保障、自然灾害生活救助、农村最低生活保障、其他农村社会救济、保障性住房支出、其他社会保障和就业支出

续表 3-10

财政支出类别	主要款项
医疗卫生	医疗卫生管理事务、医疗服务、医疗保障、疾病预防控制、卫生监督、妇幼保健、农村卫生、中医药、食品和药品监督管理事务、其他医疗卫生支出
环境保护	环境保护管理事务、环境监测与监察、污染防治、退耕还林、能源节约利用、污染减排
城乡社区事务	城乡社区管理事务、城乡社区规划与管理、城乡社区公共设施、城乡社区环境卫生、其他城乡社区事务支出
农林水事务	农业、林业、水利、扶贫、农业综合开发、其他农林水事务支出
交通运输	公路水路运输
工业商业金融等事务	采掘电力信息等事务、制造业、国有资产监管、支持中小企业发展和管理支出、粮油物资储备管理等事务、金融监管支出、地震灾后恢复重建支出、预备费、国债还本付息支出
其他支出	住房改革支出、预留调资支出、其他支出(款)

为了更有效、更直接、更鲜明地反映县级财政支出对经济社会发展主要的促进作用,我们将再往前走一步,把当前县级财政支出划分为 3 个大类(表 3-11)。一是维持性支出。这部分支出主要是维持行政机构、事业单位、公检法等常设机关日常运转的必要性资金,如行政管理费支出、公检法支出、外交支出和武警支出等,而县级支出一般不包括外交、武警等支出,所以,行政管理费和公检法支出主导县级财政的维持性支出。在国家的 5 级政权中,维持县级政权运行的费用比其他任一级政权都高,并且这些费用属于消费性支出。二是经济性支出,这部分财政支出主要是保证地方经济社会发展,也可称之为发展性财政支出。但一般来讲,在经济支出这一项上,县级财政的经济功能较弱。三是社会性支出,这主要是投向民生和社会事业方面的财政支出。社会服务的供应与维持性支出的供应有很大的相似之处,县级财政在教育方面的支出比重很高。一般来讲,经济性服务与公众的生活关联度较小而维持性服务和社会性服务与公众生活的关联度较大,从县级财政的支出结构来看,县级财政毋庸置疑地为公众提供了绝大部分与生活关联度较大的基本服务。

表 3-11 体现社会功能的财政支出分类

类别	所包含子项
维持性支出	一般公共服务、公共安全
经济性支出	城乡社区事务、农林水事务、交通运输、工业商业金融等事务
社会性支出	教育、科学技术、文化体育与传媒、社会保障和就业、医疗卫生、环境保护

3.财政支出结构分析

我们将对W县的财政支出结构进行深入分析,以求从统计学角度探讨该县在"扩权强县"前后财政支出的变化,这在很大程度上也反映了经济社会发展的需求以及政府职能在经济社会发展的不同阶段所起到的角色和发生的转变。

(1)财政支出结构的总体变化态势　将财政支出划分为维持性、经济性和社会性支出后,主要意在讨论财政在维持地方日常机构运转、发展地方产业经济和保障民生方面的投向和力度。根据对W县2001—2010年财政年度的数据整理后,得到图3-19。从图3-19中可以看出,这3大类支出在总支出中所占份额发生了较大变化,总体上看,该县财政的维持性支出比例有所下降,社会性支出比例有所上升,经济性支出比例基本持平。维持性支出从2001年的占到总支出的34.7%,这也是一个历史性高点,到2005年达到历史性低点,为16.7%,随后逐步上升并维持相对平稳,到2010年维持性支出占到总支出的22.8%。经济性支出在该县2001—2003年变化幅度较大,从2001年的8.9%扩展到2003年的19.9%,由此进入了该县的产业发展扩张期。随后一段时期保持相对稳定。与维持性支出和经济性支出的变化幅度相比,社会性支出的变化幅度最大,从2001年的34.7%上升到2010年的52.1%,9年增加了17.4个百分点①。

从以上数据可以看出,2001—2010年W县的财政支出很明显地向社会公共服务方面进行了倾斜,这里面有中央的政策导向原因,也有经济社会发展阶

① 将财政支出划分为社会性支出、经济性支出和维持性支出,是因为要为下面要说明的问题进行解析,三者之和并不等于100%,这是因为还有其他支出和转移性支付支出中的资金,有些无法划归到这3项分类中,还有一些专项上解,故这三者之和不为100%。

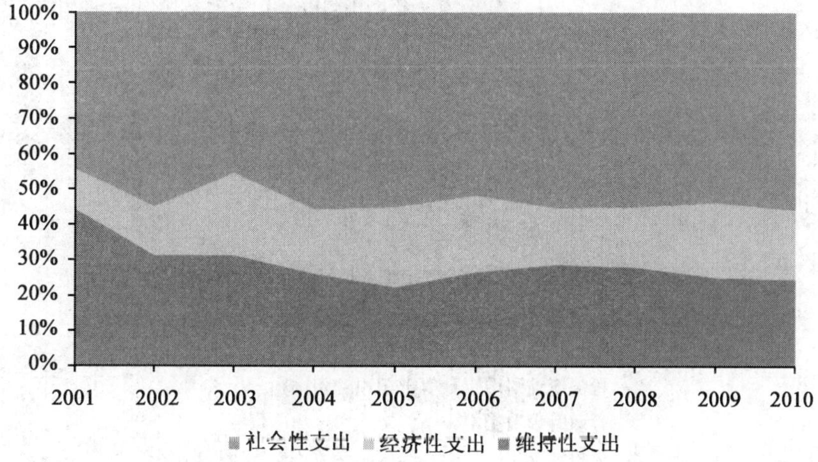

图 3-19　W 县 2001—2010 年功能性财政支出构成

段的需求原因,人民群众对公共服务的要求在不断提高,所需要的社会管理范围在不断扩展。但还有一个因素需要引起重视,那就是由于转移支付在财政收入份额中占有较大比例和重要地位,而转移支付又往往规定了其支出方向和用途,也就是说,这种财政支出的功能性表现很有可能是上级政府对县级政府财政支出权限的限制导致的支出结果的一种表象,而没有反映出县级政府的真正支出意图和需求。

(2)对维持性财政支出的分析　在对维持性财政支出的分析时,2003 年和 2010 年的财政支出类别发生了很大变化,因此,在分析过程中有些项目无法进行完全的一致性分析。但通过对数据和管理规定的整理,我们还是可以通过大部分的项目类别的类似性中得到需要的素材。首先,从 2003 年的 W 县维持性财政支出的结构(图 3-20)分析,行政管理费类占到维持性支出的 58%,公检法支出占到 33%,这两项加起来就占到维持性支出的 91%。这也说明地方的维持性支出主要包括两大方面:一是保证机构的正常运转;二是保持社会大局稳定。从 2010 年的维持性支出中分析,可以看到,该年度主要分为一般公共服务支出和公共安全支出两大类,其中一般公共服务支出占到维持性支出的 79%,公共安全支出占到 21%。

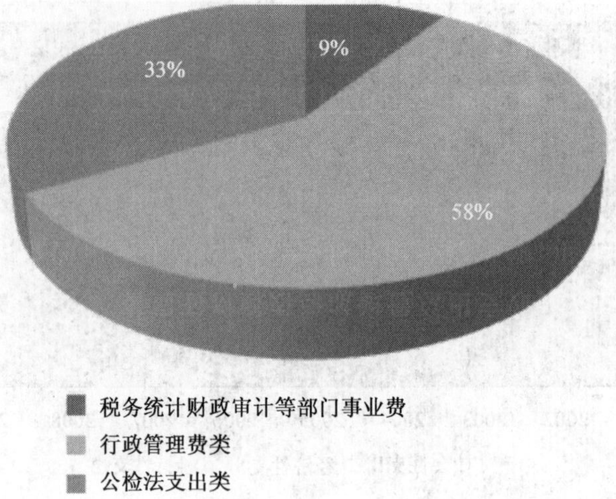

图 3-20 2003 年县财政维持性支出构成情况

我们着重对 2009 年 W 县财政的一般公共服务支出做出分析。从 2009 年的列表可以看出,政府办公及相关机构事务支出所占比例最大,占整个公共服务支出的 31.95%;其次,是人口与计划生育事务,占到 13.85%;再次,是共产党事务,占到 12.32%。这是占最大块的 3 项支出,这 3 项支出总和就占到公共服务总支出的 58.12%,整整 1/2 强。这也说明,地方财政的一般公共服务支出落脚点主要是办公经费、计划生育和党的事务等和现实需求联系比较紧密的工作事项。此外,财政和国土也占到了一定比例,分别占到 6.27%和 3.13%,这也和近年经济社会发展对资金和土地的需求有关(表 3-12)。

表 3-12 2009 年一般公共服务构成情况 %

项目	所占比重	项目	所占比重
人大事务	1.76	商贸事务	0.93
政协事务	0.72	工商行政管理事务	0.47
政府办公厅(室)及相关机构事务	31.95	国土资源事务	3.13
发展与改革事务	1.19	气象事务	0.13

续表 3-12

项目	所占比重	项目	所占比重
统计信息事务	0.48	宗教事务	0.11
财政事务	6.27	港澳台侨事务	0.04
审计事务	0.76	档案事务	0.23
人力资源事务	0.39	共产党事务	12.32
纪检监察事务	1.04	民主党派及工商联事务	0.10
人口与计划生育事务	13.85	其他一般公共服务支出	24.13

(3)对经济性财政支出的分析　从经济性财政支出的结构来看,该县是典型的农业大县。2003 年,在农林水利气象等部门的事业费就达到整个经济性支出的 60%;而位居第二位的是基本建设支出类,达到 29%;工业交通等部门的事业费仅占到 9%(图 3-21)。到 2009 年,财政支出项发生调整,主要由农林水事务、交通运输和工业商业金融等事务组成(图 3-22)。从中也可以看出,农林水事务依然占到大头,占到总投入的 69%,工业商业金融等事务占到 20%。之所以产生这样的结果,一部分原因是因为将基本建设支出类取消分摊到了各具体事务中,另外也从侧面说明该县的产业基础依然是以农业为主,产业构成没有发生根本性转变和实质性变化。

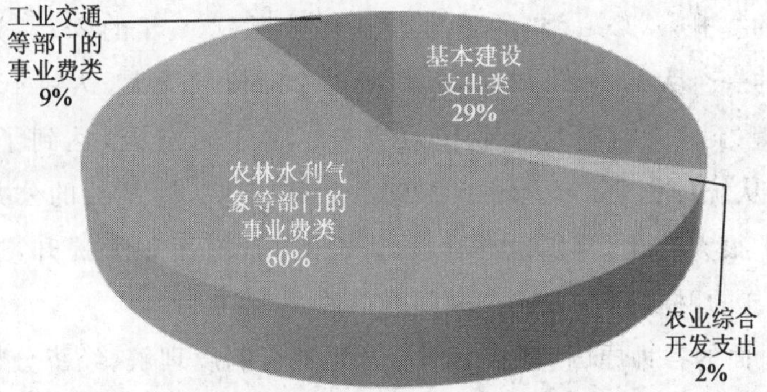

图 3-21　2003 年县财政经济性支出构成情况

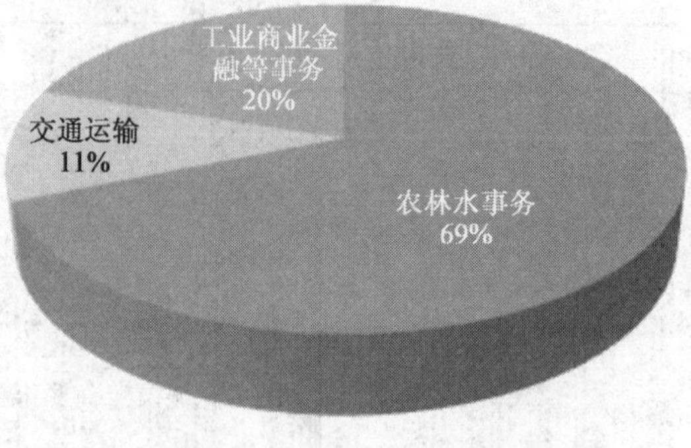

图 3-22　2009 年县财政经济性支出构成情况

(4)对社会性财政支出的分析　从社会性财政支出的结构来看,2003 年该类别的支出子项明显较多,这里面最多的是教育事业费,占到社会性财政支出总额的 49%,其次是文体广播事业费,达到 15%,然后是卫生经费,为 12%。相比较而言,抚恤和社会福利救济费类占到 9%,城市维护费仅占到 8%,社会保障补助支出仅占到 5%,科技三项[①]占到的比例也仅为 2%(图 3-23)。从 2003 年的情况看,W 县在社会事业上的重点投入主要是教育事业,这里面主要是对当时教师工资的补助。从这个角度讲,正是我国在教育上的巨大投资在很大程度上将人口的数量优势真正变成了人力资源优势。2009 年与 2003 年相比,情况发生最大变化的是社会保障与就业部分发生了较大程度的提升,从 2003 年的 14%快速提升到 2009 年的 28%,这应该说是财政投向的一个大的进步,同时,教育所占份额依然最大,达到 40%,然后是医疗卫生,占到 16%,科技事业费也提升了 3 个百分点,达到了 5%(图 3-24)。这也从统计学角度,说明了 2003—2009 年期间,W 县的公共财政支出结构发生了很大变化,特别是在社会性支出方面有了很大提升,这从结果上也说明 W 县的财政存在着向公共财政转型的倾向。

对于里面的各种原因,将从下部分开始进行制度理解、经济分析和模型分

① 科技三项费用(民口)是指国家为支持科技事业发展而设立的新产品试制费、中间试验费和重大科研项目补助费。科技三项费用是国家财政科技拨款的重要组成部分,是实施中央和地方各级重点科技计划项目的重要资金来源。

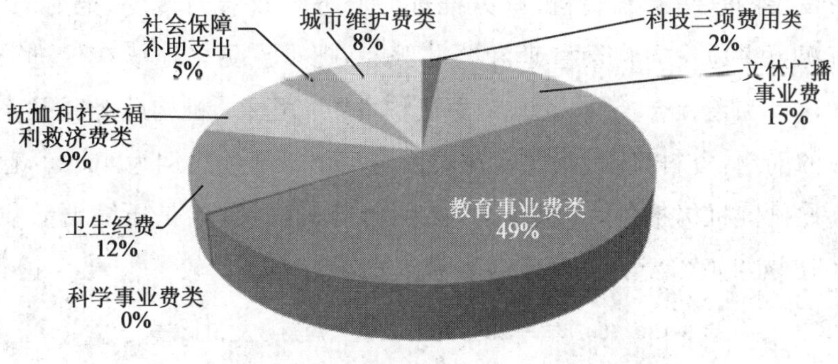

图 3-23　2003 年县财政社会性支出构成情况

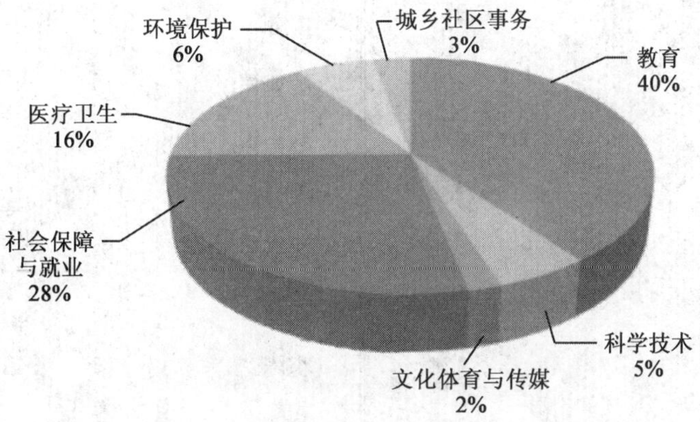

图 3-24　2009 年县财政社会性支出构成情况

析,阐述这种转型有可能是与 2004 年“扩权强县”改革具有很大关联,并从政府的权利划分和管理权限、财政权利再分配方面进行深入分析。

3.4.2　重点领域的县级财政支出分析

1. 财政用于政府运行的资金比例有所减少但总额依然突出

首先,政府要转变政府职能,更多地提供所辖范围内居民的公共服务,而不是投资竞争领域,兴办企业。当前县乡政府的职能主要是以经济管理为主体,社会管理和公共服务的职能相对不足。县乡政府要抓住取消农业税后向公共财政发展的这一有利时机,有力推进向服务型政府的转变,把财力、物力等公共资源更多地投向社会管理和公共服务,把重点更多地放在促进公共事业发展和建设和谐社会上。其次,精简机构,减少冗员。机构臃肿是县乡政府长期存在的问题,资料显示,我国现在农民与乡镇干部的比例为 40∶1,已达到历史最高比例。机构臃肿,人浮于事,必须精简机构,重点是压缩财政供养人员。表 3-13 为 2003 年与 2009 年各乡镇人均财政支出比较。

表 3-13　2003 年与 2009 年各乡镇人均财政支出比较　　元

乡镇	2003 年	2009 年	乡镇	2003 年	2009 年
城关镇	118	302	庄头乡	79	182
洧川镇	121	389	南曹乡	60	178
永兴镇	57	162	水坡镇	76	125
大桥乡	88	374	蔡庄镇	56	111
岗李乡	96	205	大营乡	118	100
朱曲镇	78	214	门楼任	53	150
张市镇	68	220	大马乡	49	272
十八里	77	124	小陈乡	63	144
邢庄乡	59	145			

注:根据 W 县财政局相关资料整理而得。

2.财政支农资金逐年递增但结构分布差异较大

一般来讲,政府财政渠道支农资金是指政府财政用于支持农业和农村发展的资金。按照我国目前的统计口径,国家财政支农支出主要包括农业基本建设支出、农业科技三项费用支出、农业科研支出、支援农村生产支出、农业综合开发支出、农林水气等部门事业费、农产品流通补贴、农业生产资料补贴、财政扶贫支出等。但对于 W 县来说,支农资金主要包括科技三项费用、农林支出、林业支出、水利和气象支出、农业综合开发等。W 县的财政支农资金总量在不断攀升,从 2001 年的 1 243 万元增长到 2010 年的 17 339 万元。其中,农业、林业支出相对稳定增长,从 2001 年的 1 161 万元增长到 2010 年的 13 007

万元,这也与我国2004年以来的历年一号文件紧密相关,在国家重视农业的大背景下,对农业发展的支出水平也在不断增长。而水利和气象支出波动幅度较大,农业综合开发所占比例较小,在2010年也仅有11万元,没有大的发展和突破。需要特别注意的是,这部分支农资金主要是由上级政府的专项转移支付构成的(表3-14)。

表3-14　2001—2010年财政支农资金的支出情况　　万元

<table>
<tr><th rowspan="2">年份</th><th rowspan="2">科技三项费用</th><th colspan="6">农林水利气象支出</th></tr>
<tr><th>农业支出</th><th>林业支出</th><th>水利和气象支出</th><th>扶贫</th><th>农业综合开发</th><th>总计</th></tr>
<tr><td>2001</td><td>—</td><td colspan="3">1 161</td><td>—</td><td>82</td><td>1 243</td></tr>
<tr><td>2002</td><td>228</td><td colspan="3">1 502</td><td>—</td><td>109</td><td>1 611</td></tr>
<tr><td>2003</td><td>205</td><td>1 556</td><td>298</td><td>967</td><td>—</td><td>114</td><td>2 935</td></tr>
<tr><td>2004</td><td>294</td><td>1 660</td><td>760</td><td>989</td><td>—</td><td>—</td><td>3 409</td></tr>
<tr><td>2005</td><td>420</td><td>3 289</td><td>579</td><td>1 075</td><td>—</td><td>—</td><td>4 943</td></tr>
<tr><td>2006</td><td>834</td><td>4 800</td><td>517</td><td>1 244</td><td>—</td><td>—</td><td>6 561</td></tr>
<tr><td>2007</td><td>—</td><td colspan="2">7 838</td><td>1 994</td><td>170</td><td>4</td><td>10 510</td></tr>
<tr><td>2008</td><td>—</td><td colspan="2">9 589</td><td>1 820</td><td>46</td><td>11</td><td>13 040</td></tr>
<tr><td>2009</td><td>—</td><td colspan="2">13 051</td><td>3 774</td><td>52</td><td>27</td><td>17 862</td></tr>
<tr><td>2010</td><td>—</td><td colspan="2">13 007</td><td>1 808</td><td>83</td><td>11</td><td>17 339</td></tr>
</table>

注:数据根据W县统计年鉴整理。

3.社会保障类财政支出总量增加但依赖特征显著

2003—2007年,财政资金用于社会保障等民生支出的总量达到506 531万元。其构成为:社会保障专项资金71 730万元,占总量的14.16%;民政事业经费26 184万元,占总量的5.17%;教育事业经费316 264万元,占总量的62.44%;卫生事业经费68 678万元,占总量的13.56%;文化事业经费14 901万元,占总量的2.94%;体育事业经费8 774万元,占总量的1.73%(表3-15)。

表 3-15　2003—2007 年财政资金用于社会保障等民生支出　　万元

支出项目	2003 年	2004 年	2005 年	2006 年	2007 年	合计
社会保障专项资金（含劳动就业）	10 612	12 001	13 946	16 717	18 454	71 730
其中：社会保障	9 469	10 570	9 746	10 263	9 889	49 937
劳动就业	1 143	1 431	4 200	6 454	8 565	21 793
民政事业经费	3 512	3 274	6 073	7 068	6 257	26 184
教育事业经费	52 492	56 244	64 867	70 277	723 84	316 264
其中：计入总量增长部分	44 445	47 152	53 876	58 269	61 183	264 925
不计入总量增长部分	600	515	610	694	531	2 950
医疗经费	2 028	2 518	2 973	3 603	3 670	14 792
教育费附加	5 419	6 059	7 408	7 711	7 000	33 597
卫生事业经费	10 658	11 141	14 795	15 694	16 390	68 678
其中：计入总量增长部分	9 660	10 143	12 950	14 098	14 802	61 653
行政性收费			847	598	590	2 035
医疗经费	998	998	998	998	998	4 990
文化事业经费	1 396	1 834	2 591	2 866	6 214	14 901
体育事业经费	1 056	1 039	2 500	2 492	1 687	8 774
合计	79 726	85 533	104 772	115 114	121 386	506 531

4.教育事业经费主要依赖转移支付且依然存在缺口

为了不拖欠乡镇学校教师工资，从 2001 年起，乡镇学校教师工资直接由县财政通过教师工资专户统一发放，有效解决了教师工资不按时足额发放的问题，但未解决基础教育投入不足的问题。农业税的取消和学校乱收费的禁止，更加加剧了教育投入不足的问题。这一方面的原因是上级转移支付不足，原来的资金缺口不但没有缩小，反而又增加了乡镇财政困难。另一方面的原因是教师工资标准的提高，大部分地区由县财政统一发放的教师工资只包括国家统一规定的固定工资、绩效工资、教龄津贴和其他津贴，一部分原来地方规定或认可的相关费用或补贴(如教师误餐补贴、交通费、班主任工资补贴等)仍然由所在乡镇负责。在农业税取消之前,这些开支已经是乡镇财政的负担,在农业税取消之后,资金缺口加剧。另外,中小学校的危房改造,原则上应由县级财政直接负责,但资金补助采取一次性的方式,主要用于中小学多种用途的专项补助,很难照顾全面。实际操作中中小学校的危房改造资金是由县、乡,甚至村共同负担。

3.5　"扩权强县"影响下的财政支出转型实证

以上从统计学角度对W县的财政收支状况和结构进行了分析,本部分将利用相关数据实证,从政府管理职能转型和财政分权、财政的公共方向转型之间关系的角度切入,对该县在扩权强县前后财政支出方向的变化进行深入刻画,尝试对前面提出的理论假说进行验证,同时找到在现行体制框架下,通过经济管理权限的制度性设计和安排促进财政转型的途径。以往的研究偏重于从财政支出本身的变化分析财政体制,有时仅从这一个角度出发的研究结论往往具有一定的误导性,财政支出本身并不能揭示真正体制内的深层次原因,如果能够通过政府职能与财政体制进行统筹研究,将能够从更高的层面和更广的视角得到一些有益的结论。

3.5.1　当前县级财政支出运行中存在的主要问题

我国自1994年实施分税制以来,作为5级财政构架底层的县乡财政受到巨大影响。由于财政资源的分配方式对农村经济和社会发展的影响密切相关,因而传统的县乡财政体制日益成为制约县域经济,甚至农村地区发展的重要因素。对于县乡财政的这种制度转变与发展趋势,理论界的认识也不尽相同,但较为一致的认识是:从财政体系的设计来看,5级的财政层次使财力分配不利于基层财政,财政分权和政府行政垂直集权之间隐藏着尖锐的矛盾,从而使分权过度,形成制度供给失衡。从县乡财政运行看,目前县乡财政运行制度存在着收入外移,主要表现为县级财政收入由预算内向预算外移动,乡镇财政由收入向债务外移;同时,出现了公共责任的甩出行为,特别是制度外财政行为;从财政分权本身来看,造成以上县乡财政行为的重要原因是分税制改革只是解决了中央和地方财政收入的划分,而未相应修改支出责任的划分,从而导致县乡财政的运作弹性空间和方式的混乱。此外,分税制没有透明、统一和公正的转移支付制度;尽管各级政府间的纵向转移支付规模很大,但是这些资金的分配不具有透明性,而且不能保证向所有地方政府提供足以满足最基本服务需要的财政资金。以上研究一个主要结论是,目前的县乡财政的困难对财政分权改革具有较强的路径依赖,并出现了县乡财政的制度供给失衡。因此,当前财政体制改革的一个重要思路便是"分权促转型",即通过对地方政府管理权限的下放,促进传统财政向公共财政转变。如果将目前的管理分权改革看成是对既有财政体制的一种制度变迁,就很有必要对这种变迁的实际运行机制和效果进行实证研究,以便有效评估现在所进行的扩大县级管理权限改革对财政转型影响的实际效果。

1.财政支出规模快速增长且结构性问题突出

县级财政支出规模保持快速增长。以 W 县为例,其一般财政预算支出总规模从 2004 年的 3.91 亿元增长到 2009 年的 12.42 亿元,年均增速高达 25.99%。从结构上看,行政管理支出规模从 2004 年的 5 287 万元增长到 2006 年的 8 908 万元,各项事业费占县级财政支出比例由 37.9%提高到 42.3%。即使按照新的预算制定和编制办法计算[①],2007—2009 年,一般公共服务费和公共安全等维持性支出也占到了总支出的 25%以上。由此可以看出,县级财政支出规模急剧膨胀,且依然存在结构性问题。在县级财政支出中行政管理和各项事业费支出比重过大。这也从侧面反映出,在目前的财政体制下,县级财政一方面要满足不断增加的行政运转,另一方面又需要应对各项社会事业不断发展的新要求,但总体而言,县级财政依然具有维持性财政的特点。这是因为,行政部门在进行资金预算时,更倾向于优先满足自己机构的需求,而非

① 由于 2007 年 1 月 1 日实施的《政府收支分类改革方案》中,各级政府的财政支出结构采用了新的分类体系,用于制定和编制预算。基于可对比性和准确性的考虑,我们把 2007 年之前与之后的数据分开比较。

其所服务领域的需求。主要原因是行政体制改革严重滞后于经济体制改革,政府机构设置重叠,人员不够精简,导致维持性财政支出出现加剧膨胀,财政负担增大的情形发生。

2.预算软约束下的财政支出效率低下

第一,地方政府预算本应具有有效性和实现分权化效益,但由于我国独特的预算形成体制,5级预算审批程序导致县级政府预算要在预算年度末期才能得到批准,这种层级滞后效应大大削弱了预算作为政策工具的效用,更无法带来对支出的硬性约束。第二,为了满足上级政府许多项目性运作和不确定的项目配套资金要求,县级政府需要在一年大部分时间里保持相当的资金余额,这并不利于县级财政资金的使用效率。第三,上级政府的无经费式的指令同样降低了地方政府的预算决定权。如W县在取消农村教育费附加和其他教育收费后,虽然中央给予了大幅的财政转移,但仍然难以弥补改革后的资金缺口。第四,预算制度的软化带来的是对预算外收入增加的激励。更多的支出责任促使政府具有更强的预算外收入的动机,由于这部分收入不必与中央分成,地方政府就有扩大预算外收入甚至将预算内收入转移到预算外的冲动。

3.基于体制原因的公共产品财政分担机制不合理

从公共财政框架的要求来看,公共财政要着眼于满足社会公共需要,立足非营利性、收支行为规范化。但鉴于我国现有的财政体制,县级层次上的财政远谈不上公共财政。以W县为例,教育、医疗卫生、社会保障是县域范围内十分重要的公共产品,是县级财政支出中的重要部分。然而,这几种公共产品的供给中存在不少的问题,突出表现在财政的分担机制不合理。以转移支付较多的2008年为例,在得到上级转移支付的情况下,该县在文教卫科事业费上的支出占到总支出的28.59%,如果扣掉转移支付则达到30.53%,明显高出近2个百分点。由此可见,县级财政在教育方面的支出比重还是很高的,由于分担机制的原因,很多本应由上级财政承担的责任不得不由地方承担。

3.5.2 管理分权与财政转型关系的逻辑思路

针对各类学者提出的“财权与事权相匹配”的改革方向来看,我国的财政分权改革并未大幅改变现有的政府间财政收支责任安排格局,而是更多地关注于政府治理结构的改革。此外,即使进行所谓的“事权和财权划分”,中央政府也必须掌控国家财政的整体调控权,这也是中央政府自身的职能要求所决定的。因此,不能囿于现有的认知格局,认为只有地方的财力得到大幅提升才能与其事权相匹配,鉴于中国的幅员广阔和各地差异的显著性,期望每个地方都能有显著的产业发展也是不现实的,同时,中央也必须通过掌控财力达到对全国经济社会发展和区域发展进行调节控制的能力,在这种条件下盲目地扩大地方财力也是不可能的。

1.管理分权内生推动着有效的财政分权

扩大县级管理权限的实质是减少管理的层级,进一步降低管理成本和尽量消除信息传达过程中造成的扭曲。这里面也承认了这样一个事实,那就是地方政府比上层政府在提供公共产品方面具有更为充分的信息。因此,在管理分权下,地方政府就有可能找到与地方相适应的制度安排,并且还可能通过地方政府之间的交流和竞争传播出去,进而促进制度的深入创新。这种由于事权转变而产生的分权,并不是通常认为的经济外生变量,而是由经济体制改革内生出来的。管理分权在促进制度变迁的同时,也促进了财政本身的分权进程,对财政分权的产生是内生的经济变量,这有利于加强财政资金管理,提高财政资金使用效率。以 W 县为例,在扩权文件中明确规定:“因财政结算体制变化对省辖市本级财力造成较大影响时,由省财政根据省辖市本级财力状况给予适当补助”,同时指出“现金管理体制随财政结算体制变化相应调整”,这也说明,管理权限的变化改变的是制度的运行结构,其信息传递过程变化的本身也是财政分权的催化剂,如果管理分权能够运用得当,也是可以带来财政分权的演进。分权是由经济体的发展内生引致的结果,管理分权与财政分权具有良好的互动关系,而这种关系又是加快政府体制改革的重要推手。

2.管理权限变动带来的财政收入结构变化

按照河南省对W县的扩权政策，主要享有以下优势：一是经费直接划拨；二是税权部分扩大；三是项目直接申报；四是用地直接报批；五是证照直接发放。进行扩大管理权限后带来的财政收入方面的变化主要集中在3个方面，一是转移支付直接拨付到县，如各类事业费、交通规费等建设资金、预算外返还资金、福利救济资金、科技计划项目经费等资金；二是可直接办理涉及政策性的税收减免，如营业税减免、企业所得税减免、地方所得税减免等；三是部分税费不再与省、市分成。实行对省结算后，省财政按照存量不动、确保既得利益的原则，重新核定W县对所属省辖市本级的上解基数固定上解省级，由省财政返还所属省辖市。县新增财政收入除中央和省级分成外，原则上全部留归县。如拖拉机和摩托车养路费由扩权县（市）自行组织征收和安排使用，不再与所属省辖市分成；客票附加费和货运附加费、道路运输管理费征收计划由省对扩权县（市）单列，征收资金直接解缴到省，客货附加费返还资金（包括征收工作经费及分成资金）和道路运输管理费分成资金均由省直接拨付到县（市），由县（市）按规定自行安排使用。省交通规费安排的农村公路建设切块补助资金对扩权县（市）实行计划单列，资金直接拨付到县（市）。从中可以看出，管理权限的变化直接改变了县级收入的结构，更重要的是这种省—县直接对接减少了中间环节的信息扭曲，降低了转移支付成本。实行扩权强县后，实现省县信息直达互通，省对县的补助、资金、专款、财政收入直达绕开了市级财政，资金留用、返还、调拨直接结算，减少了中间环节，避免了被市级挤占、截留等情况，有利于保证各项资金及时到位，大大提高了资金运转效率。省管县前，县财政在每月月底才能收到省调拨资金；新体制后，省调拨资金每月月初就可以及时到县，提前近20天，较好地解决了过去县（市）因收入的季节性和入库的不稳定性造成的资金调度困难，保证了资金及时到位。

3.管理分权推动财政支出向公共服务主动转型

根据各级政府的财政能力，重新合理分配责任是非常重要的。地方政府需要逐渐把注意力从不顾一切地发展经济转移到为全民提供良好的公共服务和社会事务上来。W县从2004年开展扩大权限的改革后,到2009年进行了进一步完善。从实施情况看,通过实施管理分权开始引起预期中的财政支出向公共财政方向转型的新变化,财政的使用方向和比例都开始发生明显倾斜。如2000年文教卫科事业费支出为5 537万元,占到总支出的27.78%,2003年上升到29.98%,其年均增速为19.3个百分点。管理分权后,从2007年的30.64%增加到2009年的33.80%,年均增速是未扩权前的1.45倍。社会保障类支出占总支出的比例则从2007年的13.49%上升到2009年的15.04%。这就得到一个很有益的结论,即管理上的分权可以带来财政支出向公共方向转型。这是因为管理权限的下放可以形成来自地方和基层的改革支持机制,同时硬化地方政府的财政约束,推动财政体制的整体改革进程。从另一个角度说,也使得地方政府在扩大管理权限的过程中扮演了连接中央制度供给意愿和微观主体制度需求的角色,使地方政府从改革的被动承受者成为积极推动者。其更深刻的政策含义在于可进一步加大省里对县级管理权限的下放力度,扩大试点范围,推动省与县的财政分权进程。

4.管理权扩大有助于促进对政策制定者的激励相容

在市场经济中,每个理性经济人都会有自身利益的诉求,个人行为会按自己的利益导向规则行动,政策制定者也是如此。如果能有一种制度安排,使政策制定者在追求个人利益的同时,也与集体价值最大化的目标相吻合,这就是"激励相容"。县级管理权限的扩大根本上是利用了下级政府拥有的更多信息优势,使其提供公共产品更具有效率。在该案例中可以看出,由于允许W县自主决定预算支出规模与结构,这使得处于基层的地方政府能够自由选择其所需要的政策类型,并积极参与社会管理,其结果是该地方政府的政策制定者既可以满足社会的公共产品需求,又可以使其在经济社会发展过程中实现自身价值,从而走上财政支出良性循环的道路。需要指出的是,这种激励相容效果的产生必须有相应的配套政策,一是需要界定激励型税制的范围和界限;二是为提高财政资金使用绩效进行财政改革;三是重塑政府职能定位,特别要明确可交易市场是公共行政的边界。

3.5.3 模型设定

考虑到不同县的县域经济实际,不能奢望每个县都能完全依靠自身的经济和产业力量成为财政的完全自给县,县级政府的自主发展能力和财政自给能力只是县域财政的部分组成,因此,还是将财政转移支付作为县级财政可支配收入的一部分进行考虑,我们的选择样本更具有一般性和代表性。本部分以县级财政的公共转型程度作为被解释变量,其衡量指标是财政的社会性投入占整个财政支出总额的比值。这一指标值越高表明县级财政的公共方向转型越明显,该比值越低表明其财政支出的公共方向转型程度越低。考虑到数据的可获得性,本书采用的是实际财政支出数据。

我们将经济社会管理分权和地方政府治理结构作为核心解释变量。对于经济社会管理分权程度,我们用省政府赋予县级政府经济社会管理权限数量与省级政府赋予市级政府的管理权限数量比值作为衡量变量;财政分权的衡量指标则将用人均县级财政支出/(人均中央财政支出＋人均地市级本级财政支出＋人均县级财政支出)[①],为揭示出不同时间经济社会管理分权对财政支出方向转型的影响,我们引入"扩权强县"分权改革试点的2004年时间哑变量(即2004年以前为经济社会管理分权乘以0,2004年以后乘以1)。对于地方治理结构,考虑到量化上的困难和数据的可获得性,我们借鉴贾俊雪(2011)等的研究方法,主要考虑以下变量来解释横向治理结构和纵向治理结构改革对县级财政转型中的影响。对于横向治理结构,我们分别引入万人拥有的乡镇数量(县级政府所辖乡镇数量除以总人口)和财政供养人口比重(财政供养人口除以总人口),这两个变量用于考察县级横向治理结构对财政支出转型的影响。对于纵向治理结构,由于前面已经对"扩权强县"的权利赋予进行了指标描述,这里主要考虑纵向财政管理体制的影响。这里用省里赋予县级政府的财政管理权限与省级政府赋予地市级政府财政管理权项目数量的比值作为衡

---

① 这里的"扩权强县"改革试点还不同于"省直管县",应该说是在传统的"省—市—县"构架和"省直管县"之间的一种权利分配形态及县级政府得到一些省里直接赋予地市级政府的权利,但还没有获得与地市级政府完全相同的经济社会管理权利。

量变量，以便考察减少纵向财政管理层级在促进县级财政支出公共方向转型方面的作用。

除了以上的制度因素以外，县域经济条件和财力状况显然也会影响到县级财政支出的公共方向转型的程度。具体来看，我们主要引入以下经济变量作为考核因素。一是引入实际人均GDP、第一产业增加值占GDP比重来考察经济发展水平和产业结构对财政转型的影响；二是农业税费改革对财政转型的影响。该县在2002年进行的农村税费改革试点，农村税费改革通过规范农业税费和农业税费减免，对县级财政状况产生了重大影响，因此，在2002年以前该哑变量为0，2002—2004年为1；三是取消农业税对县级财政的影响，这也需要设计一个哑变量，由于2004年以后农业税在河南省完全取消，因此，该哑变量在2004年以后为0，在2002—2004年为1；四是考虑到城乡人口结构对县域财政支出的影响，我们引入城镇人口占总人口的比例作为考察该影响的变量。另外，还需要指出的是，由于2008年金融危机的影响，其时间维度上宏观层面的共同冲击也是需要考虑的，由于河南是内陆省份，其冲击在2009年才开始显现，因此该哑变量在2009年为1，在其他年份为0。由于县级财政支出是一个动态的过程，具有很强的制度路径依赖，因此我们需要从动态中进行考察，因此，时间跨度选择1990—2010年。

综合上述考虑，我们最终选择如下形式的时间序列数据模型：

$$Y_{it} = \sum\nolimits_{j=1}^{n} \alpha_j Y_{it-j} + \sum\nolimits_{k=1}^{n} \beta_k \mathrm{De}_k + \sum\nolimits_{t=1}^{n} \gamma_t \mathrm{Gov}_t + \sum\nolimits_{t=1}^{n} \theta_t \mathrm{Fn}_t + \delta Z_{it} + f_i + f_t + \varepsilon_{it}$$

其中，Y_{it} 为被解释变量，即县级财政的公共转型程度，主要指标为社会性投入占整个财政支出总额的比值；Y_{it-j} 为被解释变量的滞后项；n 为最大滞后阶数；De_k 为经济社会管理分权解释变量，主要包括管理分权、财政分权变量；Gov_t 为政府治理结构变量，主要包括财政供养人口比重，农村税费改革哑变量、农业税改革哑变量；Fn_t 为县域财政能力，主要包括实际人均GDP、第一产业增加值占GDP比重、人口规模、城镇人口占总人口的比例、金融危机哑变量。

3.5.4　数据描述和估算结果

1.数据描述

考虑到财政数据的敏感性和可获得性，本书使用的是河南省 W 县 1990—2010 年的统计数据，数据来源于该县的统计年鉴和财政报表。各变量的统计性描述见表 3-16，由表中可以看出，该县财政的公共转型程度均值为 43.23%，表明县级政府财政转型的特征开始显现，具有一定的代表性。通过对转型指标进行趋势特征分析发现，这是一个“U”形曲线，即从 1990—2010 年，财政资金在公共领域的支出开始出现下降，最低达到 34.92%，就再也没有下降，当然，这也从侧面说明行政性财政支出存在一定刚性。随后在 2001 年以后开始发生变化，在 2002—2010 年出现波动性上升，财政的公共性开始变得明显。从统计学角度，这与前面的理论假说具有一定的吻合性(图 3-25)。

图 3-25　1990—2009 年公共转型程度变量变化趋势

从其他指标看，人均财政支出水平均值在 12.74%，说明在全国范围内该县属于较为贫困的县，自有财力有限，存在着较为突出的财政困难，收入能力和支出责任之间存在着较大的不平衡性。从第一产业占 GDP 的比重看，该县还是以农业为主的县，均值在 40%左右，产业支柱较为单一，同时对上级转移支付的依赖性较强。从城乡人口结构看，城镇人口均值为 7.49%。由此看出，农村人口占了绝大多数，最高占到全部人口的 95%以上，应该说，这个比例还是很高的。从财政供养人口的比例看，均值在 0.69%，远低于全国的平均水平,从整个走势看,也是一个先下降后上升的趋势(表 3-16)。

表 3-16　相关变量的统计性描述

变量	最大值	最小值	中间数	均值	标准差
公共转型程度	51.69%	34.72%	42.92%	43.23%	0.049
人均财政支出水平	14.53%	9.29%	12.33%	12.74%	0.021
财政供养人口比重	0.96%	0.44%	0.70%	0.69%	0.001
实际人均 GDP/万元	1.651 5	0.084 8	0.407 4	0.566 1	0.490
第一产业占 GDP 比重	60.68%	20.29%	38.64%	39.08%	0.121
财政转移支付/亿元	10.008 5	0.116 9	0.577 2	2.099 7	2.831
城乡人口结构	9.06%	4.57%	8.08%	7.49%	0.015 8

就其核心变量而言,财政分权来看,该县的社会性支出比例不断提升,也表明该县承担着较重的支出事务,如果剔除掉财政转移支付,这与其财政拥有的自有财力相比非常不对称,二者具有明显不匹配的状态。这也反映出财政收支责任安排出现财政收入权利上移,而支出责任不断下移,事权与财权的不匹配特征明显。此外,从地方政府治理结构来看,在控制财政供养人口比重方面并未取得很大进展,财政供养人口比重反而呈现出上升趋势,但上升幅度得到了一定控制。

从各变量的相关性来看(表 3-17),第一产业占 GDP 比重与实际人均 GDP、人均 GDP 与财政转移支付之间的相关性表现较强,这是可以解释的,由于该县属于农业大县,第一产业比重高,相反其 GDP 的产能就会较低,两者具有一定的相关性,但这并不影响解释下面的财政支出方向转型。而人均 GDP 与财政转移支付之间的所谓相关性并没有必然的逻辑关系,这是由于该县 GDP 的增长是在中国财政快速增长的大背景下形成的,因此,财政转移支付也会同步快速增长,这与该县的 GDP 增长只能说是同向的,但二者之间并没有必然的联系。因此,在进行下面模型评估时,这两个变量并没有被舍弃,同时,这也不影响模型最终的评估和解释。

表 3-17 各变量之间的相关性检验

项目	公共转型程度	人均财政支出水平	财政转移支付	财政供养人口比重	实际人均GDP/元	第一产业/GDP	城乡人口结构
公共转型程度	1						
人均财政支出水平	−0.106 2	1					
财政转移支付	0.467 99	0.553 9	1				
财政供养人口比重	−0.264 2	0.345 0	0.347 6	1			
实际人均GDP	0.340 16	0.661 5	0.972 5	0.402 1	1		
第一产业/GDP	−0.130 5	−0.687 0	−0.826 1	−0.548 3	−0.917 5	1	
城乡人口结构	−0.171 6	0.739 1	0.597 9	0.613 038	0.747 93	−0.927 8	1

2.估算结果

在具体估算数据模型时,需要很好地解决内生性带来的估算偏差问题。由于模型涉及的解释变量较多,而且性质很难明确,且受到阶段性的大事件影响很大,因此这使得利用外部变量构造工具变量变得非常困难。这里主要采用 Arellano 和 Bover(1991)以及 Blundell 和 Bond(1998)提出的系统 GMM 进行估算。对于解释变量的动态结构,依据 Arellano-Bond 一阶和二阶残差自相关检验,我们确定包含因变量和其他解释变量的最大滞后阶数均为一阶。由于县级财政收入和人均 GDP 之间可能存在时间序列相关,同时,为避免财政支出结构和公共性转型之间的自相关影响,我们主要进行 Durbin-Watson 检验和 Cluster 校正(表 3-18)。

表 3-18 数据模型估算结果

		模型 1	模型 2	模型 3
经济社会管理分权	经济社会管理分权程度	−5.661 0*** (−3.228 6)	0.562 2** (2.572 1)	0.521 5*** (3.366 1)
地方治理结构因素	财政供养人口比重	−21.571 0 (−1.027 6)	−22.049 2 (−0.858 4)	−22.246 1 (−0.988 4)
	财政管理分权程度	10.377 6*** (3.229 9)	−0.968 5** (−2.551 1)	−0.862 5*** (−3.287 1)

续表 3-18

		模型 1	模型 2	模型 3
地方财政因素	人均财政支出水平	−0.003 0 (−0.003 3)	−0.586 9 (−0.546 2)	0.355 9 (0.375 9)
	财政转移支付	0.094 3 (1.596 2)	0.135 8** (1.968 9)	0.134 0** (2.351 6)
县域经济条件因素	人均 GDP	−0.795 2** (−2.143 1)	−0.837 9* (−1.847 4)	−0.908 3** (−2.328 8)
	第一产业产值占 GDP 比重	−0.601 2 (−1.523 6)	−0.815 2* (−1.735 3)	−0.713 6* (−1.715 8)
税费改革因素	农业税费改革哑变量	−0.044 6 (−0.577 7)	−0.089 8 (−0.982 1)	−0.080 5 (−1.021 4)
	取消农业税哑变量	−0.018 9 (−0.196 8)	−0.120 49 (−1.146 0)	−0.087 4 (−0.957 8)
人口因素	城乡人口结构	3.053 6 (0.622 9)	1.452 2 (0.244 4)	2.865 5 (0.545 1)
金融危机因素	金融危机哑变量	−2.389 9*** (−3.477)	— —	— —
R^2		0.896 8	0.826 2	0.866 5

注:括号内的数字是 t 统计量的绝对值,*,** 和 *** 分别表示在 0.1,0.05,0.01 的显著性水平下,估计值显著异于零。

我们主要采取 3 种情景模式进行估算。第一种情境模式:按照收权模式。即省级政府在给县级政府一定的管理权限后又进行了收权操作,管理权限的边界出现了波动,这种情况对财政支出的公共方向转型会造成怎样的影响。第二种情景模式:提升分权。即省级政府在分权中没有进行收权操作,而是逐步提升县级政府对经济社会的管理权限,同时可以与省级政府进行有效对接,这样对县级财政的支出转型会产生怎样的影响。第三种情景模式:完全放权。即将县级政府的管理权限进一步提高,最终成为"省直管县"的管理模式,将县级管理权限放到与地市级相同的程度,这时这种管理权限的提升对县级财政支出的公共方向转型会产生怎样的影响。

我们的研究表明,经济社会管理分权和财政分权的确对财政的公共方向转型起到了明显的作用:第一种情境下,即在现实中财政分权对财政的公共方向转型具有明显的正向影响,财政管理权限分权越明显,地方的财政投向向公共方向转型特征越明显。而经济社会管理分权在此情境下的影响则呈现一定的负向作用。本书认为,这种情形之所以产生,是因为河南省在2007年进行的一次对地方经济管理权限的收权行为,对地方的经济社会管理权限又进行了一次调整,其中最重要的是:"需省政府审批的各项建设用地,由扩权县(市)政府直接报送省政府。在扩权县(市)区域内的省重点建设项目用地,经县(市)有关部门初步预审后,由项目法人直接报省有关部门审核、审批。""按照国家土地管理法规和省办公厅下发的《关于加强土地宏观调控严格土地管理的通知》(豫政办〔2007〕33号文件)要求,目前已收回扩权县(市)直接报批建设用地政策。该项管理权限与国家土地新政的规定相抵触,因此予以取消。"这项政策直接决定地方的产业投资走向、财政税收来源、财政支出方向,而调整后的影响后果很难在2年内产生显著作用,这也是管理分权调整后对财政投入方向的直接影响,这在后面的评估结果中也得到了验证。

在第二种情境下,即经济社会管理权限分权程度进一步提升的情况下,经济社会管理权限的分权就会给财政的公共方向转型带来明显的正向影响,这也证明了前面所提出的"假说Ⅰ",即在信息不对称的情况下,省级政府可以通过对县级政府恰当的经济管理分权和调动转移支付的手段推动地方财政支出向公共方向转型。财政转移支付也显示出了对财政公共方向转型具有较强的显著性,对这一点,可能的解释是,很大程度上由于当前国家对转移支付的投向规定较为严格,监管较为严厉,属于"专款专用"范畴的资金量在转移支付中占有的比例较大。如"改进转移支付办法。市县税收收入和非税收入全额计入标准收入,鼓励市县优化收入结构。标准支出测算突出'以人为本'的原则,主要根据总人口、学生数、面积等客观因素和平均支出水平确定,并适当考虑支出成本差异。落实主体功能区规划,加大对禁止开发区和限制开发区的补助力度,推动基本公共服务均等化。同时,对省辖市撤县(市)改区,原享受的转移支付以上年为基数继续保留,2009—2012年纳入转移支付测算范围,支持中心城市发展,促进城市化进程"。因此,对于地方政府而言,向公共方向上的资金投入不但具有很大的非自主性,还要有相应的地方政府资金配套,这必然刚性地促成了地方政府向公共方向上的投资转型。

如果与第三种情境的结果相结合,就会发现有意思的论述,即对"假说Ⅲ"的进一步解释和说明,"分权并不是越多越好,而是需要有一个平衡的底线,即地方政府对省级政府的财政需求与本地财政收入存在微妙平衡",即完全放权虽然会对促进县级财政的公共服务转型具有一定的推动作用,但推动的边际效用会降低。对于这一点,更多的是相关产业政策所产生的影响,这从河南省的扩权强县条例中也能找到相关影响因素,如第14项管理权限修改为:"扩权县(市)需要经过省辖市向省有关部门上报的固定资产投资项目和申请投资补助的建设项目,包括国家财政性投资项目、国家银行优惠政策性贷款项目、国家和省统借统还的国外贷款项目(跨县级行政区域的除外),以及使用省农业结构调整、县域经济发展等专项资金安排的项目,一律改由县(市)有关部门直接向省有关部门申报。成立了工业结构调整办公室、高新技术产业化办公室并能提供相应配套资金的扩权县(市),由该县(市)直接向省工业结构调整办公室、高新技术产业化办公室申报省工业结构调整、高新技术产业化专项资金"。也就是说,如果对县级政府进行经济社会管理权限的完全放权,地方政府会根据自己需要投向具有发展特征的经济项目中去,而不会更多地投向社会性服务中去,这与地方政府的自身经济诉求有很大关系。

3.5.5 基本结论

我们不奢望通过一个模型、一个样本县就可以将我国的县级财政支出的公共方向转型说清楚,但地方选择了扩权强县的这种改革方式并在全国范围内不断推广的行为本身,就说明了这种改革方式具有一定合理性和内在运行机制的可操作性,特别是对财政支出的影响已经开始显现并不断拓展。暂且不去讨论这种改革是否具有更深的政治改革意图,但仅就财政体制本身,它一方面基本着眼于满足当前中央政府提出的"向民生倾斜"的基本要求,即重点向民生和公共服务方向投资;另一方面,又满足了地方政府自身的发展需要,仅这一点就值得我们去深入思考。本部分主要运用了河南省W县1991—2010年的财政数据,从扩权强县背景下的财政支出结构变化的角度,利用相关模型考察了地方政府治理结构的变化和财政分权在促进财政支出的公共方向转型方面的影响。从一个新的视角对现有行政框架下财政转型的调节进行了评估,试图回答这种具有明显政策性的设计是否是一种可供选择的帕累托最优设计,这种政策设计能否在促进财政公共方向转型方面具有显著意义,能否逐步变成一种制度设计。当然,这还需要进一步研究探索。

1.经济管理权限的扩大是在现行体制框架下提升财政支出公共方向转型的可行途径

中国的改革更加偏重于增量改革,特别是对于财税体制改革这样敏感和充满中央—省—市—县—乡镇博弈色彩的改革。在保持政治体制构架基本稳定的前提下,既要调动地方政府加大对公共服务的财政投入积极性,又要地方政府逐步形成自身发展的“造血”机制,还要保证地方政府能够贯彻中央的财政投入意图,这相对来讲确实具有很大的难度和政策艺术性。在这种情况下,经济管理权限的扩大和财政分权无疑具有显著意义,这对其他地方今后的改革也有较强的借鉴意义。

2.过多的经济社会管理分权也并不能带来地方财政支出的公共方向转型程度的更大提升

对于省级政府而言,经济社会管理向县级政府的分权并不是越多越好,这牵扯到两个层面的问题,一是希望县级政府贯彻省级政府政策走向的程度;二是县级政府在获得这些管理权利后的行使意图。县级政府的贯彻程度与自身的资金需求具有强烈的相关性,在获得一定的管理权后,将会充分运用这些管理权限和自身掌握的地方公共服务需求信息相结合,从而更加有效、直接地利用财政资金向公共方向投放。当这种权利超过一定限度后,地方政府更加倾向于向拉动自身财政发展的方向投资,这样必然会挤压一部分公共服务方向的财政投资。这也是很多地方采取的“扩权强县”而不是“省直管县”举措的内在原因之一。

3.财政分权在很大程度上对这种转型不一定会具有正向作用

很多研究认为,提高财政分权度会有效提高县级政府自身的财政造血机能,这一点本研究虽未涉及,但更进一步的是,提高县级财政的自身能力本身并不代表着会促进县级财政支出向公共方向转型。财政分权的影响相对比较复杂,与对转移支付的依赖度、自身产业发展、政绩考核等方面都有着或多或少的联系,在这一点上,本研究并未给出明确性的结论,财政分权对财政支出的公共方向转型的研究还需要进一步深入和细化。

4. 对财政转移支付依赖度的提高会压迫县级财政更加切实地贯彻上级财政投向意图

这一点上本研究并未使用采用“促进地方财政支出的公共方向转型”的表述,这是因为,虽然转移支付在一定程度上与财政支出的公共方向转型具有正向作用,但这种作用的内在逻辑值得怀疑。在W县这种对上级转移支付更加依赖的县级财政,其更多的是执行上级的财政投向决定,同时由于这些转移支付很多都是专项资金,这也进一步降低了地方政府财政投入意向的自由度。还需要特别指出的是,金融危机的影响对财政投入的公共方向具有明显的负向作用,这也显示,外部的宏观危机会内在地要求地方政府将财政投入到更加需要发展的地方,而不是更多的社会服务。

3.6 小结

本章重点剖析了W县分权与转型对财政支出结构的影响。之所以剖析W县是因为可以从该典型农业县了解到我国中部地区所代表的一般情形,特别是在农业税取消后,财政支出的结构发生了哪些变化,行政管理体制的改革产生了哪些影响。通过统计学、计量分析和制度结构论证,主要结论有以下几条:①经济管理权限的扩大是在现行体制框架下提升财政支出公共方向转型的可行途径;②过多的经济社会管理分权也并不能带来地方财政支出的公共方向转型程度的更大提升;③财政分权在很大程度上对财政公共方向转型不一定会具有正向作用;④对财政转移支付依赖度的提高会压迫县级财政更加切实地贯彻上级财政投向意图。

财者，帝王所以聚人守位，养成群生，奉顺天德，治国安民之本也。

——《汉书·食足货通》

第4章　县级财政的支出结构优化途径

本章在综合前几章分析的基础上，找出了县级财政支出结构的优化途径。首先借鉴了国际经验，探讨了县级财政支出结构优化的途径，而后提出了加强服务型政府建设，支持财政投入农业，加强对教育的总量支出和结构优化，强化社会保障的分类支出等政策建议和优化县级财政支出结构的制度化路径。

4.1　目标取向

4.1.1　财政支出结构优化的内涵

满足公共需求的公共产品在不同阶段是不同的，而且与社会的发展同步，即不断有总量上的增长，而且有类别的增加。从包含的实体元素看，主要含有以下几种：一是政府，主要作为国家权力的载体；二是个体，主要是追求个人利益;三是民间组织,主要是由共同取向的个体联合而成。社会发展水平制约着政府职能的行使范围,而且社会产品的供给能力、社会对公共产品的需求总量和强度,以及人们需求的变化都会使政府职能发生变化。从市场配置资源的角度讲,财政支出是要使得其支出结构和规模符合社会主义市场经济的内在发展要求,而且财政支出对生产力发展要有促进和引导作用,其支出比例要相互协调、合理。但从对经济学的现实实践中看,财政支出的责任更多地是对社会需求和政治需要的满足。因此,财政支出不一定局限在所谓的公共物品范畴,甚至包括产业发展、政治管制、司法教育等方面。需要注意的是,财政是引导社会发展方向的重要手段,其支出方向不仅仅指向公共服务,同样也会指向社会目标和政治目标,因此,在理解财政的本质时要对财政的内在含义进行区别。

财政支出的核心是支出结构的优化。看财政效果可主要从3个方面着眼:一是财政支出对社会成员共同发展需求的满足程度和要求水平;二是财政支出对市场经济配置资源的调节和再调整;三是财政支出对政治要求的满足。这3方面在财政支出中的主要体现应包括:财政支出的规模是否适度、财政支出的合理比例和有效性。应该说,这3个指标的测度都是有问题的,即无法通过相关的定量分析来确定何为规模适度,何为合理的财政支出比例和支出有效性如何衡量。这就需要我们从财政支出的准则层面探讨其主要内涵。

从财政支出结构的优化来看,在准则层面至少应满足以下要求:一是财政支出的优化要符合社会主义市场经济的内在发展规律;二是财政收入和支出的方向要反映经济社会发展的阶段和最新要求;三是财政支出有助于体现政府的服务、监管功能,引导社会产业有序发展进步;四是财政支出有助于宏观调控,促进经济的稳定发展;五是体现社会的效率和公平,促进社会和谐稳定。从财政支出的操作层面看,主要有以下方面属于其支出优化内涵的范畴:一是财政支出的总规模是否满足经济发展的真实需要,符合整个社会内在的客观比例要求,这是财政支出量上的概念;二是财政支出能否满足社会发展不同区域、不同阶段、不同产业、不同人员的货币需求结构,即财政支出在各个构成要素之间的比例是否合理,这是财政支出结构上的概念。综合来讲,所谓的财政支出优化就是比例合理,既包括总量与满足需求之间的比例,也包括财政支出在经济社会结构上的配置比例。

4.1.2　优化原则

财政组织是一个特殊的经济组织。财政是社会经济生活体系中必不可少的组成部分,它要遵守一般的经济规律和“游戏规则”,但其目标是效率最优。就其特殊性而言,财政产品是以公共产品和公共服务为指针,财政的收益状况直接取决于这些产品和服务的数量和质量,所以,财政收益一定是以经济社会增长为前提。因此,财政的生产效率也不同于一般的微观经济效率。财政行为的这种二重性,在经济学中被界定为“帕累托效率”,即“帕累托最优”。

所谓帕累托最优,就是既定的资源配置状态能够在其他人福利水平不下降的情况下,通过重新配置资源,使得至少有一个人的福利水平有所提高。与此相应,也可以把财政生产效率的最大化定义为“财政有效”,即财政以某种方式参与经济生活并使整个社会经济体系实现帕累托最优。这一定义的意义在于为实现市场经济的社会提供一种最理想的状态和目标。在此基础上,可以更好地理解“财政有效”,财政在经济活动上采取的任何措施,都应当使得者的所得多于失者的所失,从全社会看,宏观上的所得要大于宏观上的所失。

首先,效率原则是财政所遵循的首要准则,也是财政的根本要求。“分配关系说”对财政状况的评价,一般而言只看财政收支是否出现赤字,赤字是“迫不得已”还是故意安排的,却没有考察财政本身是否有秩、是否有效及其对经济社会的实际影响。值得注意的是,社会主义财政强调“取之于民,用之于民”,那么反映政府活动状况的财政状况从本质上讲也体现了民生状况。如果说财政状况出现什么问题,也仅仅是某些非本质的具体财政措施不当所致,这显然不能解释政府在实际经济生活中所面临的困境。其次,财政效率原则体现了市场经济规则。财政机构追求自身效率最大化的必然结果也反映了社会效率最大化,这就为以间接手段为主的宏观经济调控提供了依据。再次,这个结论有助于解决现实财政经济问题。大多数人主张改变财政危机状况可以靠发展经济,增收节支,消除赤字,提高财政收入占 GDP 的比重。但是经济决定财政的规则不能简单套用于我国,我国财政危机状况出现的同时是改革开放以来经济的高速增长时期出现的,与经济状况没有直接的因果关系。要从根本上解决问题,必须理清财政效率问题。

1.决定性原则

政府职能优化是调整财政支出结构的前提。只有清晰界定政府职能,认识财政的实现目标,才能准确发现财政支出结构优化的途径。如果无视政府职能,仅就财政支出结构的调整而调整是没有意义的。财政支出结构从根本上取决于政府职能的设定。如果能准确把握政府职责,就可以有效控制促使财政结构发生变化的主要因素和改进方式。

政府职能变化是调整财政支出结构的主要影响因素。对于政府职能的定位,主要包括3个方面:一是维持性职能,主要是利用强力机构,采取强制或非强制手段维护政权稳定和社会秩序,营造一个有利于经济社会发展的环境;从财政上看,就是武装警察部队支出、公检法司支出和行政管理费支出。二是经济性职能,主要是通过税收、货币、金融等手段间接或直接干预经济社会活动,实现对经济的宏观调控和微观管理,从而促进社会经济发展;从财政支出上来看就是经济建设费。三是社会性职能,主要是管理社会事务和发展社会保障、文化、教育、环保、卫生、医疗等公共事业,以符合社会不同发展阶段的不同要求;从财政上看,就是如何使各项保障费用支出有效发挥作用。

社会在不同发展阶段,政府职能要发挥作用的侧重点也是不同的,财政支出结构也相应变化。在经济发展初期,政府倾向于引导产业规模的发展,首先解决有和无的关系,这时的工业化需求就会较为强烈,财政对工业化的投入就会进一步加强;在经济发展中期,城镇化速度加快,产业需要调整升级,社会成员的要求也在追求更高的发展需求,财政支出在社会民生方面和引导产业升级方面的投入比例就会加大,同时更加注重社会管理和社会制度建设方面的投入;在经济发展的高级阶段,更多的是服务业的进一步扩容和高端商务和新兴产业的发展,这时财政投入更加偏向于引导产业创新和投入到教育、医疗、社会保障等民生方面。总之,只有最合适的财政支出模式,而没有最好的财政支出模式,财政支出模式是没有统一的评价标准的。

2.阶段性原则

财政支出结构同社会的经济发展阶段也有较强的相关性。有学者认为,在经济发展的早期阶段,社会对公共资本的要求较高;在经济“起飞”实现之后，社会对公共资本的要求暂时有所降低；当经济步入“成熟”阶段之后，社会对公共资本的要求又会上升，其增加和下降的程度主要取决于特定的收入阶段及其资本弹性(马斯格雷夫，1923)。从这个角度看，在一个社会的经济发展初期，财政中的购买性支出所占比重较大；在经济发展中期，进入快速增长阶段时，财政的转移性支出所占比重较大；在经济发展进入平台期后，购买性支出所占比重又会开始回升。

需要指出的是，财政支出结构的调整是与经济增长紧密联系的。财政支出既不能超过经济发展阶段而超前支出，否则要么引起强烈而深远的社会问题，要么使得解决这些问题的困难极大和社会成本极高。同时，财政支出也不能滞后于社会的经济发展阶段，否则将会造成社会矛盾的累积，迟滞产业发展的结构升级，同样也会造成相应的重大社会转型成本。因此，财政支出结构的调整与经济发展阶段是相辅相成、相互促进的，财政支出结构与经济社会发展阶段密切相关，特别是当一国的人均GDP突破3 000美元之后，财政支出结构会发生很大变化，这种变化也从另一方面体现着社会的转型需求。

3.体制适应原则

地方财政支出结构还受到一定体制性因素的影响，尤其是财政体制的影响。什么样的财政体制，就会有什么样的财政支出结构。财政支出的变化程度和速度往往与我国的行政体制，特别是财政体制有密切关系，这也是财政支出结构的基础性影响因素。财政体制如果与财政支出结构不匹配，就容易出现摩擦和阻力，从而会延缓财政支出结构的调整，使财政支出结构变化与经济社会发展不一致，可能致使经济社会发展出现停滞。

4.多样性原则

地方财政支出结构的多样性和多层次性源于社会有多方面的需要。社会有政治、经济、文化、科学等方面的需要，那么地方财政支出就应该以这样那样的方式体现出来，要学会“弹钢琴”，实现各支出要素之间相互促进与发展，同时注意哪些事项是重要的事项，哪些事项是紧迫的事项，但紧迫的事项不一定是重要的事项。要注重重要事项和非重要事项的平衡。在社会发展的不同阶段，经济波动的不同阶段，人民群众诉求的不同阶段，其要素的重要程度也是不一样的，这就决定财政支出的结构也会出现很大不同。所以，多样发展不是平均发展,应该有着明确的主与次、重点与非重点的差别。

5.效用原则

提高财政支出的效用是财政支出结构优化的根本目标。具有效用的财政支出结构才是合理的财政支出结构,财政支出结构优化过程应该是不断提升财政支出效用的过程。财政收支过程,就是将有限的资源集中到政府手中,以发挥最大化效用为原则支配使用。所谓的财政支出效用更多的是从国家的角度考虑,主要有4种类型:一是对经济波动的逆向调节,达到熨平波峰波谷的作用;二是通过财政支出方向引导产业的健康发展;三是通过财政支出结构的变化体现以人为本的社会发展需求,维持社会稳定和谐;四是通过财政支出减少人类社会活动对生态环境的影响,保持环境的良性可持续发展。应该说,财政的着眼点更加倾向于长远性、方向性、社会性、公益性较强的领域,而不是经营性领域。

6.社会性原则

地方财政支出结构必须与社会发展程度和不同阶段的发展需求相适应。社会发展不同阶段对公平和效率的需求是不一样的。在经济发展初期或起始阶段,往往更加看重效率,其财政支出中发展产业的比例就会更高一些,人们对物质需求相对弱一些,国家可以更加偏重于对产业的初始引导。当经济发展到一定程度,人们对个人发展要求更高一些,财政支出就必须更加侧重于社会保障方面的支出,行政管理方面的费用就相对降低。同时财政对产业的引导和带动更加侧重于对产业的整体协调和调整升级。总体来说,一个成熟社会的财政支出结构更加突出其社会属性和公共服务的层面。

4.1.3 总体目标

地方财政支出结构与经济结构及政府职能定位有很强的关联性,且受制于地方经济发展水平。由于财政的所有资源掌握在政府手中,因此,优化财政支出结构不是一个单纯的财政问题,而是如何界定政府与市场之间关系的问题,是如何把握政府行政和作为边界的问题。优化财政支出结构,重要的是转变政府职能,改变政府角色定位,从“运动员”向“裁判员”转变。在中国当前的社会发展阶段,财政支出变化更多地体现政府的职能转换,体现市场的调节和补充作用。特别是应将提高公共服务水平作为基本的衡量点和着眼点。把更多财政资金投向公共事业，进一步提高公共保障能力，建立健全以人为本的公共财政支出体系，使广大群众共享经济社会发展成果。

1.财政支出结构优化的经济社会总体背景

我国经济社会发展由生存型向发展型阶段转变。衡量一个社会由生存型向发展型阶段转变的重要指标体系结构发生了明显变化。首先，与“十五”期间相比，“十一五”城乡居民恩格尔系数稳步下降。2001年城乡居民恩格尔系数分别为37.9%和47.7%，到2009年则分别降低到37%和43%左右。根据联合国粮农组织提出的标准，恩格尔系数在60%以上为贫困，50%～60%为温饱，40%～50%为小康，30%～40%为富裕，低于30%为最富裕。按此标准，我国城镇居民基本进入富裕阶段，农村居民为小康阶段，似乎可以判断我国总体上已经进入小康居民消费阶段。但事实远非如此简单，如果从基尼系数来看，我国居民的基尼系数在2001年达到0.403 1后，就一直逐年攀升，2014年的基尼系数为0.469。而0.4为国际公认警戒线，贫富差距已突破合理界限。因此，“十三五”时期面临着全社会居民生活水平稳步提高但高低收入群体极不均等的重大社会结构性矛盾。这又同时诱发着其他主要社会矛盾，“十三五”正处在解决这个重大问题的关键时期，只有在此突破才能完成经济社会发展阶段的安全转型。

我国经济发展方式由外延型向内涵型发展模式转变。首先，从我国经济发展方式内部看，国内产业已经到了区域性产业梯度转移与产业升级要求共存的关键阶段。我国东部地区产业转移的速度和规模正在快速提升。2014年东部地区投资227 452亿元，同比增长14.6%，西部地区投资125 980亿元，同比增长17.5%。2009年西部地区全年实现城镇固定资产投资44 276亿元，占全国比重从2000年的19.2%上升到2009年的23.5%[①]，且同比增长35.0%，是西部大开发以来增速最快的一年，高于各地区加总和东部地区5.2和12个百分点。此外，产业转移的规模越来越大，领域主要集中在传统劳动密集型产业，区域之间的争夺竞争也日趋激烈。其次，从产业发展的外部支撑看，我国

① 数据引自国家发展改革委西部开发司综合处，《2009年西部地区固定资产投资保持较快增速》。

资源型的扩张性增长已经成为贸易摩擦的重要来源和经济安全的重大隐患。2007年,我国创造的GDP占全球的6%,却消耗了全球15%的能源、30%的铁矿和54%的水泥。近期铁矿石谈判权的丧失就是对我国经济安全的一个警示。再次,全球气候变化促使低碳经济迅速升温,同时也成为我国经济发展方式转型的重要外部促进力量。要稳妥推进经济发展方式由外延型向内涵型发展模式转变,"十三五"就亟切需要在重点领域和环节实现突破性进展。

人民生活与发展由传统物质文化需求向现代多元价值需求转变。"十三五"时期必须开始从以物为本的发展方向向真正以人为本的发展方向转变。首先,现代多元价值的需求开始显现。当前整个国民消费中教育、医疗、旅游、文化等新型的消费支出在快速增长,这些都是进入大众消费新成长阶段的特征,也从侧面反映了需求价值的趋势变化。其次,长期劳动报酬率低下,企业工人队伍面临谈判权利的社会认同。1992年居民收入占GDP的比重为68.8%,2007年只有52.3%,2016年下降16个百分点,平均每年下降1个百分点;与此同时,政府和企业收入上升16个百分点,2014年,居民收入占GDP比重只有四成左右。这已经成为社会矛盾的主要积累点。更重要的是,"农二代"(农民工二代)开始正式面临融入城市的现实问题。城市接口再不打开,这将成为影响"十三五"时期经济社会稳定的重大潜在因素。

综上所述,财政支出的结构是与当前经济社会发展大背景密不可分的,这在一定程度上也体现了经济社会发展转型的现实需求。经济社会发展的阶段任务要求财政支出结构更多地向解决可持续发展、社会公共服务、人的全面自由发展等方面倾斜,增强政府对经济的整体调控能力和对社会发展的整体保障能力,更加有效地体现出公共财政的要求和性质。

2.县级财政优化的总体目标

对县级政府来讲,优化财政支出结构的总体目标是:更加明确地体现公共财政的阶段要求,政府向服务型政府进行定位和转变,合理界定财政支出范围,结合县域经济发展阶段,在保证重点支柱产业发展的同时,有重点地向公共设施、教育、科学、文化、卫生等公共事业倾斜,不断扩大就业范围,完善社会保障体系,结合新农村建设,促进农业农村发展和农村劳动力转移。加强应急性公共事件的处理体系和能力建设,不断提高政府的公共管理和服务水平。

进一步完善转移支付机制，加强对困难村镇的财政扶持和对乡镇重点产业的培育，提高城乡基本公共服务均等化水平，促进经济社会和谐有序健康发展。

4.1.4　优化细则

财政支出结构优化，是财政资源重新配置效用的核心。财政效用是财政资源配置活动达到其财政配置意图的实现程度，内含财政职能、运行方式、社会属性、实际效果的统一。财政支出的最优结构，必须考虑财政资源配置的目的性与有效性。在财力既定的条件下，不同的支出结构满足的需要程度是不同的。应该依据地方实际需要，来确定财力支配的最佳比例，以期实现最大满足。

1. 经济建设投资情况

有资料显示，我国县级财政在经济建设中的平均支出大约为 29%，由此可见，财政对于县域经济发展有着重要作用。而 W 县 2010 年县级财政在经济建设中的支出仅为 19.42%，远远低于全国平均水平。这说明在中部地区，地方财政在经济建设的投入上更应加大。在欠发达农村地区，财政应重点支持农业和地方基础设施建设，发展现代高效农业和绿色农业，推进农业产业结构调整，打造农村现代流通体系，为调整地方财政支出结构奠定坚实的物质基础。

2. 科教事业发展情况

合理确定县级财政支出范围，要把重点放在地方公共需要上，确保财政性教育经费占 GDP 的比例不低于 4%。2008 年，中央财政预算内教科文经费财政支出 12 235.16 亿元，其中教育支出 9 010.21 亿元，占总支出的 14.40%，而 W 县 2008 年县级财政在教育方面的支出占总支出的近 20%。对比分析，可以发现县财政对于科教的投入比例明显高于中央财政。但是，国际上中央和地方对教育的财政投资分担比例一般为 60∶40，由此可以看出，我国中央与地方政府对教育的财政投资分担比例偏低（平均为 37∶63）；尤其是小学义务教育投入方面，80%以上的财政投入是地方财政，中央对小学义务教育投入的比例不足 20%。与世界各国政府财政投资重点都放在基础教育呈鲜明对比，因此，今后中央和地方财政资金应加强义务教育投入。

3.社会保障情况

社会保障即社会通过一系列的公共措施对其成员提供的保护,以防止他们由于疾病、妊娠、工伤、失业、残疾、老年及死亡而导致的收入中断或大大降低而遭受经济和社会困境,对社会成员提供的医疗照顾以及对有儿童的家庭提供的补贴。社会保障的本质是维护社会公平进而促进社会稳定发展。目前全国在社会保障的财政投入占财政支出的比例平均为10%~15%,W县2010年财政对于社会保障的投入占财政支出的平均比例为15.69%。要合理分配社会保障资金的用途,区分情况制定养老、医疗、救助和福利等方面政策。

4.行政管理费用

理论上,行政管理费用支出每增加1%,GDP减少0.13%。发达国家和地区的行政事业费占财政支出的比例比较低,约为6%以下,2008年我国财政支出中一般公共服务占财政总支出的比重为15.65%,W县财政的比例为20.86%,比全国比例高出5个百分点。因此,必须控制我国基层行政管理费增长过快的趋势。首先,要加快推进行政单位和事业单位的工资分配制度改革。其次,上级财政应加大这方面的转移支付力度,减轻基层财政压力。最后,县级政府应按岗设人,精简编制,减少行政供养,大力推进机构改革。

4.2 国际经验与启示

4.2.1 其他国家地方财政支出结构及其特征

第二次世界大战以后,发达国家的财政支出发生了很大变化,其占GDP的比重不断增长。以1954年的指数为100计算,从1954年到1980年期间,世界上主要工业化国家财政支出占GDP的比重大幅上升,上升幅度超过20%,当时的意大利和德国的财政支出所占的比重分别上升59.6%和52.4%。此外,日本也上升了42.2%。20世纪80年代以后,发达国家财政支出占GDP的比重稳中有升,1981—1997年,OEDC国家政府财政支出占GDP比重从37.6%上升到39.1%。政府财政调节经济的能力大大增强。

2007年,发展中国家印度的经济性支出占总支出的比例是24.57%,与中国的27.43%相比低近3个百分点。俄罗斯的经济性支出只占总财政支出3.41% ,相比中国的经济性支出份额更是微乎其微。美国的18.46%,也比中国低近9个百分点。从维持性支出所占比例来看,无论是俄罗斯、美国还是印度,都远远低于中国29.20%的支出比例,俄罗斯、印度甚至低于中国的1/2。在社会性支出方面,俄罗斯、美国和印度都远远高于中国的支出比例,其财政的公益性强,俄罗斯社会性支出的比例已经占到财政总支出的83.50%,是中国的近2倍,这也说明中国地方财政的公共性相对较弱(表4-1)。

表4-1　财政支出结构特征的跨国比较　　%

国家	经济性支出	维持性支出	社会性支出
中国	27.43	29.20	43.02
印度	24.57	14.54	64.52
俄罗斯	3.41	11.93	83.50
美国	18.46	16.38	58.97

资料来源:李永友.公共服务型政府建设与财政支出结构效率.经济社会体制比较,2011(2)。

1.美国地方财政支出结构及特征

美国的发展有其独特性,其财政支出结构的变化也具有相当的代表性,研究美国财政支出的基本走势有着重要意义。美国财政实行联邦财政、州财政和地方财政3级管理体制。各级政府在宪法框架内相对独立的行使其职权。联邦政府主要承担着与国家经济发展关系重大的事项,地方州政府主要承担区域性的事务。可以归纳为两个特征:

(1)联邦政府主要负责外交、国防、国际事务、邮政、空间技术等重大的只能通过国家意志来解决的大型事务,以及全国性的社会福利和协调各州之间重大利益关系的事务　从表4-2中可以看出,在美国联邦政府支出中,从1960年国防和人力资源支出占总支出的70%～80%;2001年人力资源支出占64.2%,其增长速度较快。另外,公债利息支出老年医疗照顾和健康的比重分别占11.1%、11.7%和9.3%,其增长速度也是较快的。

表 4-2　美国联邦政府财政支出结构　%

类别	1960 年	1970 年	1980 年	1990 年	2001 年	年增长率
国防	52.2	41.8	22.7	23.9	16.6	4.6
人力资源	28.4	38.5	53.0	49.4	64.2	9.8
教育、就业	1.0	4.4	5.4	3.0	3.1	10.5
健康	0.9	3.0	3.9	4.6	9.3	14.0
老年医疗照顾	—	3.2	5.4	7.8	11.7	—
收入保障	8.0	8.0	14.6	11.9	14.5	9.2
社会保障	12.6	15.5	20.1	19.8	23.2	9.2
退伍军人福利	5.9	4.4	3.6	2.3	2.5	5.3
物资资源	8.7	8.0	11.2	10.1	5.3	6.3
能源	—	—	—	—	—	—
资源与环境	1.7	1.6	2.3	1.4	1.4	7.1
住房	1.8	1.1	1.6	5.4	0.3	3.3
交通通讯	4.5	3.6	3.6	2.4	3.0	6.5
地区发展	0.2	1.2	1.9	0.7	0.6	10.2
净利息	7.5	7.3	8.9	14.7	11.1	8.6
科学、空间	0.6	2.3	1.0	1.2	1.1	8.9
农业	2.8	2.6	1.5	1.0	1.4	5.8
司法	0.4	0.5	0.8	0.8	1.6	11.4
一般管理	1.3	1.2	2.2	0.8	0.8	6.4

资料来源:L. Mikesell, Fiscals Administration, Wadsworth Publishers, 2003.

(2)美国地方政府则负责联邦政府事权以外的一切事务　主要包括收入再分配、提供基础设施和社会服务、促进本地区的经济发展。其事务的惠及范围主要是本州境内,主要有基础教育、地方治安、消防、地方基础生活设施、公共福利等。地方政府的开支范围主要包括道路交通、公共事业、治安、消防、教育、家庭和社区服务、一般性行政经费等。对于交叉内容的支出项目,则由各级政府按照一定比例来共同承担。总体而言,对于地方性事务,联邦政府承担的比例较小,地方承担的比例较大。从表 4-3 中可以看出,2001 年,教育占 29.7%,公共福利占 13.5%,公共事业占 6.8%,失业和退休保险占 7.6%,公路支出占 5.6%。

表 4-3　美国州和地方财政支出结构　%

功能分类	1980年	2001年
支出总额	367 340	1 894 847
教育支出	36.2	29.7
公共福利	12.4	13.5
公路支出	9.0	5.6
医院	6.5	4.2
健康	2.2	2.8
治安	3.6	3.1
防火	1.5	1.3
劳改教养	—	2.7
自然资源	1.5	1.2
污水处理	3.6	1.5
固体废料管理	—	1.0
住房和社区发展	1.6	1.4
行政管理	—	4.5
公园和娱乐场	1.7	1.5
债务利息	4.0	3.9
公用事业	9.8	6.8
保险支出	7.8	7.4

资料来源：Statistical Abstract of the United States，1997，2004—2005。

说明：支出总额单位为百万美元，不包括政府之间的相互支出。

2.德国地方财政支出结构及特征

德国是战后新兴国家，其财政支出规模较大，可以作为欧洲大陆国家财政支出的代表。主要特征是：

(1)财政支出规模较大　英国、法国、意大利等欧洲国家在第二次世界大战前就倾向大规模财政支出，德国也是如此。大规模的财政支出有助于快速恢复经济，提高较多的就业岗位。1960—1970年，德国的财政支出占GDP的比重由32.4%增加到38.7%。1970—1980年，由38.7%增加到48.4%，增幅10个百分点。1990年，德国财政支出规模再一次扩大，促进了两德的融合和发展。此后8年间，德国对东部提供了8 880亿马克的净支付。1997年，受亚洲金融危机的影响，德国财政支出占GDP的比重维持在49%的水平。

(2)社会福利和社会保障支出所占比例较高　德国是世界上最早建立社会保障制度的国家,实行的是普惠制的社会福利和保障制度。普惠制和较高档次的社会福利对于社会稳定和提升民众生活水平具有重要作用,但是标准较高的养老保险、医疗保险、失业保险和工伤事故保险制度也成为德国财政支出规模居高不下的重要原因。德国财政每年都要注入大量资金用于社会保障基金;在主要西方国家中,德国社会保障支出的相对规模最大,由财政支出的比例也最高,到 1982 年,成为财政支出的第一大支出项目,2002—2005 年社会福利支出占财政总支出的 70%以上(表 4-4)。

表 4-4　德国中央政府财政支出结构　　%

项目	2002 年	2003 年	2005 年
总支出	6 812	6 988	7 008
雇员报酬	5.46	5.37	5.38
工资和薪金	—	—	—
社会缴款	—	—	—
商品和服务的使用	3.99	4.08	4.68
固定资本消耗	1.06	1.06	1.08
利息	5.84	5.77	5.38
补贴	1.73	1.47	1.04
捐赠	7.30	7.78	8.16
对外国政府	3.52	0.36	0.49
对国际组织	1.78	2.16	2.45
对其他政府机构	5.15	5.27	5.21
通货	4.17	4.19	4.30
资产	0.98	1.07	0.91
社会福利	71.49	71.37	72.10
其他支出	3.11	3.12	2.20
不含利息的财产支出	—	—	—
其他支出	3.11	3.12	2.20
通货	1.26	1.22	0.54
资产	1.85	1.90	1.66

资料来源:数据根据《国际统计年鉴》2004—2008 年整理得出,中国统计出版社,2004—2008。

说明:总支出单位为亿欧元。

(3)对经常性购买支出进行严格控制　特别是抑制政府和公共部门的人员和商品购买支出，采用复式预算，保证经常性支出中的社会保障与福利支出和资本投资。20世纪80年代初，经常性支出中人员经费和实物购买支出占47%。德国规定政府人员的工薪收入增长幅度不能超过企业职工工薪收入增长；严格执行制度规定控制商品购置的标准和费用。通过这些措施和系列政府改革，2008年德国联邦预算中人员报酬已下降到财政总支出的11%。

3.日本的财政支出结构及特征

日本的财政支出在主要发达国家中具有编制多种预算、进行分类管理和专门化管理的特点。此外，日本财政支出还有3个方面特征：

(1)财政支出规模相对较小　1995年以前，日本的财政支出占GDP比重一直是西方7国中最低的，即使在整个OECD国家中也是较小的。进入21世纪以来有所上升，2000年日本财政支出占GDP的比重为36.6%，2003年是38.3%。日本财政支出增长受到限制的主要原因是国防军费开支受约束，同时由于特殊的企业组织和制度结构，日本政府也不需要支付较大规模的社会保障费用。

(2)日本的公共投资支出比重较高　由于日本的市场经济是政府主导下的市场经济，特别是第二次世界大战后，日本高度重视公共投资，为经济的迅速恢复，日本主要进行财政的大规模投融资和地方公共投资进行带动。从20世纪80年代到90年代初，日本的投资支出就占到了总支出的42%。1990年，日本公共投资支出占GDP的5.1%。美国仅为1.6%，英国为2.3%，法国为3.3%，德国为2.3%，意大利为3.5%。从当前情况看，受到2011年5月日本大地震和福岛核泄漏事故的影响，日本的公共投资会继续提高。日本财政支出中的投资支出快速增长，有力地促进了地方基础设施和公共福利设施建设，但是，目前日本公共债务已经接近其国内生产总值的两倍，政府被迫发行更多债券来支付巨大的费用。

(3)实行有偿财政资金分配　第二次世界大战后，日本有偿财政资金规模从1953年的3 228亿日元，增长到1986年的221 551亿日元，33年扩充了67倍。所谓有偿性财政资金，是日本政府以国家信用方式集中，并以有偿使用的特殊形式的财政资金；它具有独立性、公共性与政策性、有偿性和灵活性的特点。因而,日本政府在弥补一般财政预算资金的不足方面,在根据经济周期变化调控有效性需求方面,在充实社会资本方面和支持重点产业和新兴产业发展方面,可以发挥出一般财政资金、国债资金和私人银行资本所不具备的"特殊能力"。有偿性财政资金制度的建立,扩大了日本财政支出规模,提升了日本政府分配社会资源的能力、灵活调控金融市场的能力和发展地方经济的能力。

4.2.2 国外地方财政支出结构的经验总结

通过对西方国家的财政支出结构进行分析发现,由于公共财政是基于市场经济条件下的财政,各国财政支出结构都有一些共性的特征,如具有共同的支出范围,支出结构的安排上也有雷同,特别是其财政支出结构上基本都包括有行政管理、国防、外交、基础设施、公用事业、环境保护、社会保障等市场无法解决的项目。主要呈现以下特点:①按照财权事权匹配原则,合理划分各级政府间的事权范围和财政支出责任;②讲求效率原则,在各级政府间合理划分所支配的财政资源;③遵循适用阶段性原则,地方财政支出结构根据经济和社会发展不断进行调整。没有一个最优的地方财政支出结构,即使在公认的比较完善的公共财政体制国家,地方财政支出结构也需要根据经济和社会发展不断进行优化。

1.按照财权事权匹配原则,合理划分各级政府间的事权范围和财政支出责任

在财政支出中,各级政府之间的事权与财权的划分处于核心位置。从目前的情况来看,各国对政府职责的划分框架是:社会稳定和统筹分配的职能主要由中央政府履行,特别是涉及社会发展和稳定的事权和财政收支权限划归中央政府;资源配置和地方事权主要由地方政府执行。同时对各级政府的财政支出有着相对明确的分工,如社会保障、医疗与健康、公共福利等收入再分配性质的公共服务和产品等需要有更高的统筹层次,主要由层次较高的政府设计统一标准进行配置和提供,而像地方行政管理、道路、桥梁、基础设施和区域性的公共产品和服务主要由较低层次的政府来提供,这一般属于地方政府的职责范畴。这是因为由于地方政府贴近居民,具有更多的信息资源优势,地方财政主要是通过提供地方受益的公共产品来配置资源，更好地满足公共需求。因而，在大多数国家，住房与社区发展、文化娱乐、消防、排污等方面的支出都属于地方责任，由最基层的政府来承担，是基层财政支出结构的重要内容。另一方面，由于地方财政覆盖范围较窄，不利于调节分配的差距，在财政职能中地方一般不承担收入分配职能。另外，各国在不同层级财政之间就一些外溢性公共产品的配置进行分工合作。例如，美国的州财政和地方财政在教育支出上分别占 17.93%和 38.26%。为了明确各级财政的支出责任，许多国家都通过法律的形式确定地方财政的事权分配，这体现了公共财政的法制化趋势。

2.讲求效率原则，在各级政府间合理划分所支配的财政资源

地方财政支出结构要以效率和法定的原则明确划分事权，由于各国国情的多样性，地方财政支出结构也各有不同。所以，地方财政支出结构并不存在一个特定的标准，只有与本国的地方公共需求相适应才是最优的。第一，地方财政支出结构要适应本国的国家结构和行政体制。世界上最主要的两种国家结构是联邦制和单一制，实行联邦制的国家地方政府权力大，事权多，地方财政支出结构也烦琐。典型的联邦制国家与单一制国家相比，其地方财政支出的总量和项目都多于单一制国家。大部分单一制国家的地方财政只在教育和住房社区服务上支出较多，而联邦制国家则在更多的方面存在支出责任，所以，单一制国家的地方财政支出的特点是重点突出，而联邦制国家地方财政支出的特点是发展均衡。国家结构相同的国家，行政体制的不同也会使地方财政支出结构产生差异。德国和美国同为联邦制国家，德国的州财政中一般公共服务和公共安全支出占总支出的 30%以上，而美国的州财政的同类支出只有 5%左右的比重。各国具有不同的国家结构、行政体制、政治条件、历史条件和自然条件等，地方财政支出结构只有与这些不同的因素相适应，才能更好地实现政府职能。第二，地方财政支出结构要适应本国的经济发展模式。大多数公共财政体制的国家实行市场经济体制，但在不同的国家又各有不同，有的国家市场调节起主要作用，如美国、英国，有的国家政府调控起主要作用，如日本。不同的经济发展模式也会在财政支出结构中体现出来，日本政府调控对经济起主导作用，地方政府承担了较多的经济发展职能，在农业、林业、水产业和工商业中都发挥了较大作用。而以市场自身调节对经济起主导作用的美国,地方财政几乎在产业发展方面的支出的投入为零。因此,经济发展模式也极大地影响了地方财政支出结构。

3.地方财政支出结构要根据经济和社会发展不断调整

发达国家的公共财政体制虽已相对完善,但其地方财政支出结构也并非总与公共需求相适应,也需要不断地调整和适应。进入 21 世纪以后,德国遭遇严重的市镇财政危机。财政支出结构的变化是一个重要原因。首先,长期失业率的上升,使市镇用于社会救济的保障支出不断增加。其次,因市镇承担了老年护理任务,使健康支出的比重上升。支出结构的变化与收入减少因素共同使市镇财政陷入了困境。针对这种情况,德国近年已经着手通过调整社会保障制度等措施来降低市镇社会保障的支出责任。日本地方财政在 20 世纪高比例的土木费支出为国家提供了完善的基本设施,也推动了经济的发展。但是也造成了许多不良的后果,例如,官僚和建筑商为获取政绩或资金而共同促成了一些不必要的建设项目,带来过度投资、重复建设和财政资金使用效率低下等弊端。日本进入 21 世纪,地方土木费支出比重有所下降,这对提高地方财政支出的效率是一个好的变化。法国地方一般公共服务支出比重过高反映了地方行政体制的弊端,过多的机构和人员浪费了公共资金,影响了行政效率,也影响了其他必要公共需求的满足,面对公众的不满,支出结构调整也是必然的趋势。因此,即使再发达的公共财政体制,只要地方财政支出结构不能满足公共需求,就必然面临调整的压力。我们在借鉴各国地方财政支出结构管理先进经验的同时,也必须科学看待其存在的不足,不可盲目照搬,应该有理性的分析。

4.3 县级财政支出结构优化途径

县级财政支出结构的调整与优化不能离开县域经济发展的实际情况而盲目进行,总体上应统筹县域经济发展和社会发展阶段需求,做到“既要吃饭,又要发展”。将财政支出逐步向公共财政方向转型,重点满足社会公共需要,突出财政的公共性特征,在现有的财政框架下通过合理的改革措施积极寻求解决县域财力不足和财权事权不匹配造成的财政困难局面。从县级财政支出可能的优化路径看，主要有3个方面可以进行操作，一是县本级财政在横切面上进行优化；二是从县级财政需求出发，寻求各级政府之间的财政支出优化，也就是财政支出结构的纵向优化；三是保证财政支出优化的主要保障政策。

4.3.1　县级财政支出在县本级层面的横向优化

从县级财政来看，横向优化主要有以下内容：一是行政管理性支出；二是经济性财政支出；三是公共和社会服务性支出。行政管理性财政支出属于生存型支出，经济性财政支出属于发展性支出，而公共和社会服务性支出主要属于公共性财政支出。所谓的财政支出结构调整和优化就是要在满足县域经济当前发展阶段和需要解决的重点问题的基础上，调整财政支出在这3个方面的最优配比，做到促进县域经济发展，满足县域社会发展要求的财政支出行为。

1.县域经济发展的不同阶段对财政支出行为的要求

当前，经济发展中不可忽视和回避的就是县域经济的发展，“郡县治，天下安”，县域经济在整个国民经济中处于经济单元的位置。现在城乡差距不断加大，统筹城乡发展的要求也越来越强烈，城乡协调发展和新农村建设都要求加快县域经济发展，中国已经进入县域经济大发展的历史新阶段。但也应该看到，我国的县域经济发展区域不平衡性强，东中西部差距发展较大，省域范围内的差距较大。这种发展阶段的不同也必然反映在对财政支出结构的要求上。

以传统农业为特征的县域经济发展初级阶段的财政支出倾向于保运转的“吃饭”财政，财政的公共服务功能不强。特别是农业在县域经济中占有很高的比重，且单纯追求产量和产值增长，对市场需求以及与此相关的市场信息了解和理解不够，阻碍相应的产业结构调整和农业结构升级。从经营方式上看，主要是高度分散的小规模家庭经营，种养、加工、流通相脱节，利益关系不紧密，农业与其他产业的联系没有搭建起来。在这种情况下，县域财政往往比较拮据，且表现为优先为行政管理机构的日常运转服务，为产业发展方向、县域经济协调以及社会性公共服务往往是无暇顾及。

处于起飞阶段的县域经济往往对财政支出有着更多的产业导向性要求,对社会管理问题的财政支出要求不高。这个阶段的县域经济一般会限制在县域的行政边界内,形成以县城为核心的县级经济圈现象。主要表现在县域工业发展层次低,恶性竞争表现强,发展思路雷同,工业结构相似程度高,而且在优惠政策上表现为相互压价竞争,产业的区域分工不明确。这个阶段的公共财政支出需求往往表现为政府主导的准公益性支出方向,更多地参与到产业发展上来,主要是为产业的引进和发展营造良好的外部硬件环境。就目的而言,是鲜明地为产业发展服务,从造成的具体效果来看,确实也有一部分公共服务的成分,如为了招商引资整治的周边环境和基础设施的改善,这对当地的公民也会形成一定的福利,这造成了"主观为产业,客观有公共服务"的现象。

相对成熟的县域经济发展阶段对财政支出的要求更多地倾向于对产业的调节和对公共需求的满足。当县域经济发展到一定阶段后,逐步形成了一个区域性强、开放兼具的,能够自我发展调节的良性运转的经济体系。县域经济的行政边界将变得模糊,区域经济的融合性开始显现。这个阶段的县域经济发展往往更加强调从发展空间入手,主动规划自身的发展战略。主动融入区域经济,开始深入参与到区域内的产业分工、产业协作,在更大的范围内寻求、获取、组织和配置各类资源。在这个阶段的县域经济更多地需要重塑自身的发展环境,更多地需要寻求制度性的软件建设,需要从更高层次和水平重新审视县域经济发展的价值目标。因此,这个阶段的财政不但能满足行政管理的需求,也能够调节产业发展方向,更多地开始向公共财政方向转型。

2.行政管理的财政支出需更加规范精简

无论从县域经济发展较好的县还是处于初级发展阶段的县来看,县域的财政支出结构中都存在着行政管理费用支出偏高的问题。并不是所有的行政事业单位支出都具有公共产品性质,财政对有些可以放到市场上经营的事业单位应该实行不同的财务管理方法,可分为公益性、准公益性和经营性3种类型,努力改变行政性单位"既越位,又缺位"的现状。从优化的具体途径看:第一,明确部门职能,合理确定政府机构的人员编制,有效控制行政经费支出。本着"资源共享、信息互通、严格管理、有效控制、成本降低"的方针,整合县域内的行政资源,通过增量改革的办法分期分批地精简机构,裁撤冗员。对于机构改革中转为公司的，不再按照政府机构对待，不再安排人员经费，对于改为行业协会的，要调整经费来源渠道，对于非行政类经费支出项目要进行清理，加快推进社会化后勤服务体制改革，增强后勤服务的社会化。同时，上级财政部门要对下级财政的经费数量、人员编制进行控制和考核，建立人员增长的制约机制。第二，不断完善科学化行政经费管理的制度建设。采取上级财政对下一级财政的总量限制、行政人员编制、人均行政支出的综合控制指标，控制单位的消费性支出规模。第三，继续推进无纸化办公和电子政务建设，降低行政管理支出。特别是政府机关之间进行的电子化渠道沟通，可以大大提高办公效率，有助于精简政府部门，降低信息传递成本，为高效廉价的政府建设奠定基础。

3.经济性财政支出需体现县域经济发展阶段要求

在社会主义市场经济条件下，企业是市场经济的行为主体，所谓优化县域的财政经济性财政支出，并不是要让财政性支出替代市场配置资金的行为。同时，又由于县域经济发展的不平衡，很多地方在实际的经济运行中，不可能完全没有经济性的财政支出。只能说经济性财政支出优化要更加有倾向地投入基础性的产业中去。

积极调整投资结构，加大对农业和基础性设施的公共投入。我国的财政支出应尽量从一般性的竞争性领域中退出，还是让市场成为配置资源的主要驱动力，财政投资应重点投向基础性的设施建设、具有长远性、战略性的基础研究领域、市场失灵而影响到社会公平的领域中去。从投入的重大战略性方向看，首先是统筹城乡发展的领域，今后的投资重点向农业和农村公共事业投入。2011 年我国继续大幅度增加对“三农”的投入，中央财政安排用于“三农”的支出达到 9 884.5 亿元，农机具购置补贴增加到 175 亿元。从农田水利发展来看，2011 年的“一号文件”指出，要在 10 年内投资 4 万亿元到农田水利工程，平均每年 4 000 亿元，这在水利建设史上都是空前的。同时要增加对农业基础设施、农村交通、通讯、灌溉、抗御自然灾害能力、农业科技研发、农业科技推广、农业生态环境等方面的投入。同时，这也指出了当前到今后一段时间的财政投入重点。其次，重点投向调节区域协调发展的领域。特别是在东中西部的协调发展方面，即要为新一轮的西部大开发、中部崛起、东北老工业基地振兴、统筹城乡试验区发展、两型社会建设等方面。对区域性投资既要完成输血,又要在输血中完成造血,提高地方区域自身的经济发展能力。

支持地方中小企业发展,强化地方的自身造血机能。国企改革在一定程度上告一段落,接下去的是如何完善和调整升级。而对于中小企业则不然,当前我国对中小企业的市场环境建设还有很长的路要走。中小企业是市场经济发展的细胞和基础,没有中小企业的发展,一个地方的经济就不会有活力和发展的持续力。因此,县域财政投向方面需要加大对当地中小企业的支持力度和范畴,支持企业的技术改造升级和技术创新,财政投资手段既包括财政拨款,也包括财政贴息、财政担保,财政政策与信贷政策相互配套,使之能够与国有大中型企业同步发展,形成多样性、多层次、多元化的发展市场经济发展主体。

4.财政支出需更加注重公共和社会服务

加大对教育和科研方面的投入,重点放在基础教育、职业教育和高等教育中对低收入群体的支持上面。教育,特别是农村教育是机会平等的一个重要通道,也是疏通社会阶层转换的一个渠道。因此,特别是县域财政有必要对基础教育提供有力的支撑和保障。一是加大对教育的投入规模和力度,改革投入方式,以课题和项目投入和长期投入综合,提高财政资金的使用效率。二是优化教育科研支出的内部结构,提高资金的使用效益。教育中与县域财政密切相关的主要是基础教育、农村教育、职业教育和特殊教育,这些教育具有“纯公共产品”的性质,而且对于社会公民素质的整体转型具有重要作用。因此,财政投入要改变传统做法,将支出重点放在基础性的义务教育和职业教育上,其经费应由财政全额拨付。三是多渠道筹措资金,增强对教育的社会投入。在科研方面,可以探索信贷支持的办法,将企业与科研研发有机地结合起来。

增加社会保障投入,重点放在养老保险、医疗保险、失业保险、社会救助等方面。当前我国的社会保障支出增长很快,但所占比重还不高,特别是县级财政基本无力建立与社会需求相适应的社会保障体系,还要有更高层次的统筹。但有条件的县级财政对社会保障方面的支出可以有所增加,并形成与之配套的制度安排。对于县级财政来讲,主要是做好资金的管理工作,特别是资金的支出管理工作。不断扩大养老保险覆盖范围,加快养老保险金的社会化发放,推进社会化的管理进程。对于地方性的公共卫生服务和应急性事件,应主要由地方财政负担,需建立相应的机制安排。

进一步加大财政对生态环境治理的投入,增强我国的可持续发展能力。生态环境具有公共产品的性质和外部性,私人资本或市场经济对生态环境的投入一方面不具有经济效益,另外无法解决搭便车的行为,因此,这就决定了生态环境应成为政府财政投入的重点领域之一,而且在这方面所需经费巨大。我国虽然对环境保护和治理进行了大规模投入,但与需求相比还有很大缺口,特别是规模和力度都显不足。随着我国经济的快速发展,财力有了明显改善,对环境保护的投入和治理力度也开始加大,环保投入占同期GDP的比重不低于2.2%,对有效遏制环境污染和生态破坏有了财力基础。生态环境的公共产品性质和外部性,决定了它应该成为政府财政投入的重点。而且遏制和扭转环境恶化趋势所需费用庞大。生态环境在很大程度上已经成为经济社会持续性发展的保障,生态文明建设需要在更深层面进行投入,特别是我国经济社会发展越来越受到环境的制约和限制,如果要持续发展就必须在环境上下功夫,公共财政支出要在新形势下体现这种要求。

4.3.2　县级财政支出结构在各级政府间的纵向优化

县级财政支出很大程度上受到财政收入的影响,对于经济发展较快的县,其财政支出受到自身财政收入的影响较为强烈,但对于财政收入较差的县,主要受到转移支付的影响。无论是哪种县域经济类型,都会受到政府间财政转移制度的影响,而这也是县级财政支出更大程度上需要在各级政府之间进行结构优化。

1.理顺各级政府之间的财政支出关系

市场经济国家使其政府间财政关系程序化、制度化和规范化普遍采用的途径是分税制,其实现方法是分级提供社会公共服务和公共物品,以提高公共服务效率。理顺我国各级政府之间的财政支出关系需从解决深层次的公共治理问题入手。首先,依照政府间纵向支出结构安排原则,使财政能力与财政负担基本对称,依法清晰界定上下级政府之间的公共服务范围和支出责任,合理解决多级政府交叉行使职能中的中央和省级政府公共支出责任下移,基层政府负担过重,公共支出责任与财力不对等的问题。其次,遵循各级政府对公共物品保障的优先序,调整各级政府的公共财政支出结构,提高城乡基本公共服务均等化水平,使农民在各级政府的公共服务中享受到应有的待遇,缓解农村公共品尤其是基本公共品、基层政府过度分担现象。最后,地方各级政府在界定好支出责任、转移支付的基础上,分别编制和执行本级政府预算,建立和实施具有现实意义的分级公共财政预算制度。

2.进一步规范各级政府间的转移支付制度

财政转移支付主要在县主体税收收入不足以提供基本公共品和服务时,用于弥补县级财政的收支缺口。转移支付的首要目的是保证不同经济发展水平县乡和不同收入阶层在享受基本公共服务能力方面实现均等化。目前,许多应由上级转移支付解决的,却通过县政府征收税费来解决,地方各级财力普遍不足,转移支付规模小,导致转移支付应有的作用没有充分发挥,财政收支混乱。因此,中央要加大转移支付力度,完善转移支付制度。

1994—2009年,中央对地方的税收返还和转移支付从2 389亿元增加到28 564亿元,年均增长18%,还是没有很好地解决地方财政资金不足的问题,特别是基层的财政资金需求问题。省级政府要合理界定开支标准,准确测算所属市级、县级政权正常运转的基本财政资金需求。对于县级政府本级收入不能满足的支出部分,省、市级财政应通过一般性转移支付进行弥补。由市级财政确定的属县级财政管理的区域,省级财政要敦促市级财政测算出各县财政基本需求,制定对其资金缺口弥补的具体办法。除了中央财政拨付的转移支付,省、市级政府也应优化财政支出结构,缩减本级支出,筹集资金加大对一般性转移支出的力度,特别是增加对财政困难县的支持。转移支付资金要本着公平、公正和合理的原则进行,简化中间环节,对原体制补助、原体制上解等较为确定的转移支付进行归并。具体来讲,一是为了便于核算分析,要统一转移支付口径,凡上级政府财政净补助支出应作为转移支付;二是科学测算各地财政能力和支出需求,合理调整各地支出成本差异;三是调整转移支付结构,根据中央财力情况加强对贫困地区的专项补助,省市政府政策应加大对辖区内贫困县的补助力度。四是改变转移支付办法,上级财政在不断增加转移支付总量的基础上,以人口、面积、耕地等因素为主要依据调整分配的比重,降低专项转移支付的比例，降低“基数法”分配比例，推进公共服务均等化。

4.3.3　县级财政支出结构优化的制度保障

1.深化预算管理制度改革

我国现行的部门预算改革的主要方向是强化投入控制，注重集权和财务合规性。然而从预算管理制度改革的最终目标来看，应是产出和成果而非对投入控制的绩效预算。因此，我国的预算管理制度还应从以下几个方面进行改革。

第一，改革预算编制机构。我国的预算是由财政部门统一编制，财政部门兼顾预算的编制与执行，容易造成财政资金使用缺乏有效约束的后果。应增加专门的预算编制机构，并使其从现有的财政部门中脱离出来成为独立机构，以提升预算编制的效力。第二，规范预算编制过程。预算编制之前，要先向有关部门、社会各界通报经济发展趋势、财政政策目标、财政增长规模、预算结构安排和拟出台的改革措施等重要经济参数，重新界定权力机关和政府执行机关、中央与地方、总预算与单位预算在预算编制中的责权关系和收支支配关系，从而理顺人大、政府、财政和部门之间的关系，以达到规范预算编制程序、增强预算编制的清晰度和合法性。第三，完善公共支出预算执行中的控制监督。应建立由立法部门、财政部门、审计部门、主管部门和各单位内部组成的各个层面的监督体系和监督制度。第四，改革预算拨款方式，严格执行批准的预算。在执行预算时，各级财政部门必须严格遵守各项法律、法规，按照批准的预算和国库资金量拨款，并且按预算计划和项目进度、规定用途和预算级次拨款。

2.完善政府采购制度

地方财政支出优化的主要环节是政府采购。政府采购制度从1998年开始实施，2003年1月1日颁布的《政府采购法》，又对政府采购制度进行了规范，使其走上了法制化、规范化道路。政府采购是调节经济运行、提高财政配置效率和强化财政约束的重要途径。然而，我国的政府采购在起步时期，在预算编制、方式选择和程序执行上都存在不完善之处，建立和完善与当前我国市场经济情况和公共财政转向相适应的政府采购制度是当前工作的重点。首先,完善对政府采购的监督。利用财政部门对政府采购采取财务监管,利用公证部门对政府采购的公正性采取监管,对于政府采购商品的质量,由技术监督部门监管,对政府采购中的违法违纪行为,由纪检监察部门监管。政府采购工作部门要定期公布采购工作明细,主动接受纳税人、新闻媒体和社会舆论的监督。由此形成对政府采购监督的合力,促进政府采购工作依法有序开展。其次,理清政府采购中财政的内部运转机制。政府采购的规章制度由预算部门制定,政府采购项目的审批和政府采购资金的预算由各支出管理部门负责,受财政部门委托的政府采购中心或中介机构,依法办理政府采购具体事项。再次,强化财政收支统一管理,增加政府部门预算的完整性。财政管理和监督的资金范围越大,财政政策就越容易被贯彻执行。所以,政府采购资金不仅包括财政预算内拨款,还包括预算外资金、单位事业收入和政府性基金等。

3.系统完善国库集中收付制度

我国大部分地区采取的支付方式是将预算分配给各部门和单位,按期拨付到各部门或单位的账户中并由其自身支配,这是国库分散支付制度。这种支付制度存在缺陷,第一,在支出发生时缺少财政监督,监督只能在事后进行,不利于及时发现和制止问题的发生;第二,资金存储支付不集中,效率低;第三,资金运用信息反馈不敏捷。所以,国库集中支付制度的推行具有十分重要的意义。实行国库集中支付制度之后,在不影响部门或单位资金使用的前提下,可以使财政资金尽可能集中地使用和监管,使国库支付制度更加规范。国库集中支付的实施应与部门预算相互依赖、相互协调。国库集中支付下的分类账户是按政府各支出部门设置,各单位必须严格按编制好的预算来确定用款项目和用款计划,并通过国库单账户体系进行资金划拨。国库分类账户可以更好地反映各部门的预算执行和资金使用情况,单位用款严格按预算执行,预算如需调整则按程序报批。采用国库集中支付制度,各级单位不能随意支配资金,预算部门需严格按照批复的部门预算执行,这也有利于财政支出管理的规范和宏观调控能力的提升。国库集中支付制度改变了资金从上级部门层层下拨的方法,取而代之的是改为在年度部门预算的控制下,通过建立国库单一账户体系所有财政性资金都纳入财政国库单一账户体系管理,收入直接上缴国库或财政专户,支出通过国库单一账户体系直达商品、劳务供应者或用款单位，能够实现财政资金收缴使用全过程的有效监督。

4.4　小结

本章重点阐述县级财政的支出结构优化途径。优化的总体目标可以确定为：按照公共财政的要求，合理界定财政支出的范围，在保证县级政权机构正常运转的基础上，统筹兼顾，突出重点，着力支持教育、文化、卫生等公共事业发展；进一步支持扩大就业、完善社会保障体系、解决“三农”问题、改善困难群众生活，同时搞好各类突发事件应急处理体系建设，确保政府管理公共服务水平进一步提高。加强科技自主创新体系建设，鼓励科技成果向现实生产力转化，推动经济增长方式从资源拉动型向创新驱动型转变；进一步完善转移支付机制，加大对困难镇村的财政支持，加快城乡基本公共服务均等化建设，促进经济社会和谐有序发展。优化途径可以通过在县本级层面的横向优化，在各级政府间的纵向优化方面入手，并通过深化预算管理制度改革、完善政府采购制度和系统完善国库集中收付制度来进行优化的制度保障。

知可以战与不可以战者胜；识众寡之用者胜；上下同欲者胜；以虞待不虞者胜；将能而君不御者胜。

——《孙子兵法·谋攻篇》

第5章　对县级财政改革的政策建议

本章根据前几章的分析，得出相应结论。拟对今后县级财政改革方向进行探索性分析，并提出了深化扩权强县的事权财权划分；完善公共财政支出方式；健全财政的制度环境；采取综合配套设施；规范完善转移支付制度等今后县级财政的改革思路和对策措施。

5.1　基本结论

本书运用了河南省W县1991—2010年的财政数据，从扩权强县背景下的财政支出结构变化的角度，利用相关模型考察了地方政府治理结构的变化和财政分权在促进财政支出的公共方向转型方面的影响，得出如下结论。第一，经济管理权限的扩大是在现行体制框架下提升财政支出公共方向转型的可行途径。中国的改革更加偏重于增量改革，特别是对于财税体制改革这样敏感和充满中央—省—市—县—乡镇博弈色彩的改革。在保持政治体制构架基本稳定的前提下，既要调动地方政府加大对公共服务的财政投入积极性，又要地方政府逐步形成自身发展的“造血”机制，还要保证地方政府能够贯彻中央的财政投入意图，这相对来讲确实具有很大的难度和政策艺术性。第二，过多的经济社会管理分权也并不能带来地方财政支出的公共方向转型程度的更大提升。对于省级政府而言，经济社会管理向县级政府的分权并不是越多越好，这牵扯到两个层面的问题，一是希望县级政府贯彻省级政府政策走向的程度；二是县级政府在获得这些管理权利后的行使意图。当这种权利超过一定限度后，地方政府更加倾向于向拉动自身财政发展的方向投资，这样必然会挤压一部分公共服务方向的财政投资。这也是很多地方采取的“扩权强县”而不是“省直管县”举措的内在原因之一。第三，财政分权在很大程度上对这种转型不一定会具有正向作用。很多研究认为，提高财政分权度会有效提高县级政府自身的财政造血机能，这一点本研究虽未涉及，但更进一步的是，提高县级财政的自身能力本身并不代表着会促进县级财政支出向公共方向转型。第四，对财政转移支付依赖度的提高会压迫县级财政更加切实地贯彻上级财政投向意图。虽然转移支付在一定程度上与财政支出的公共方向转型具有正向作用，但这种作用的内在逻辑值得怀疑。在W县这种对上级转移支付更加依赖的县级财政，其更多地是执行上级的财政投向决定，同时由于这些转移支付很多都是专项资金，这也进一步降低了地方政府财政投入意向的自由度。

对县级财政支出结构优化，本书本着符合政府职能的定位、与经济发展阶段相适应、与经济体制相适应、动态性和多样性等原则，理性地借鉴国外先进经验，找出了优化县级财政支出结构的有效路径：在合理划分事权的前提下，再进行事权与财权的协调；根据经济活动的性质，划分市场配置与政府配置资源的领域；注重维护县级财政的基础性地位，加大对县级财政的政策支持，加大财政支持力度；民生价值取向下公共资源配置要求县级财政支出结构的公共化。从优化方向来看，应该转变政府职能，建设有限政府，提升公用经费支出管理水平，提高财政资金使用效率；加大对农村教育、农业科研和技术推广、农业基础设施和农业生态环境保护的投入；确保教育支出总量，调整教育支出内部结构,提高教育支出效率;完善城镇社会保障制度,积极稳妥地推进农村社会保障工作。从制度层面来看,要改革推行县级部门零基预算,实施国库集中收付制度,进一步改革政府采购制度。

5.2 对县级财政改革的政策建议

5.2.1 深化扩权强县的事权财权划分

1.推进扩权强县改革中的事权划分

现阶段下政府事权的划分可理解为支出责任的划分,十七大报告中指出:"健全中央和地方财力与事权相匹配的体制。"所以,明确支出责任是实现政府职能有效设置和划分政府间财政关系的重点所在。明确政府间支出责任主要应从两个方面入手,第一,确定中央政府须承担的支出责任;第二,合理划分省级与省以下地方政府之间的支出责任。本节主要讨论扩权强县改革后省级政府与县级政府之间的事权关系。而判断支出责任的标准,需要根据效率的原则,按照公共品的受众来确定,即若公共品的受众是全体国民,则须由中央政府承担支出责任;若公共品的受众是区域公民,则是地方财政的支出责任。

按照上述原则,根据公共财政框架和当前现状,建议进一步规范我国政府间的支出责任的划分。

一是全国性公共产品和服务以及具有调节收入分配性质的支出责任由中央全额承担,具体包括国防、外交、国家安全、武警、全国性的立法和司法以及社会保险等。

二是地方性公共产品和服务的支出责任由地方政府全额承担,主要包括地区性交通、警察、消防、基础教育、环保、城市基础设施、地方性立法和司法等。

三是对具有跨地区"外部性"的公共产品和服务的支出责任,由中央与地方按照一定比例分别承担,如跨地区的铁路、公路、大江大河治理、天然林保护、高等教育、计划生育等,但要明确分担比例。并根据省、市、县、乡的分级体制,实行层次化管理。

地方政府应被给予完整的事权，以防止本应属于基层政府的支出政策和支出标准由上级政府代为制定，使地方政府处于被安排财政收支的境地。这样既能使地方政府充分发挥其公共服务的职能，又能缓解地方财政的困难。

从具体实施角度来看，提供县（市）辖区内的公共物品和服务是县（市）政府的基本支出责任。在市场经济的大背景下，社会资本积累规模在不断地增长的情况下，省及其以下政府应以确保其政府职能作用和提供区域内的公共物品和服务为主要目标，而非插手一般竞争性领域的发展。

在合理确定政府职能框架分工后，在符合《预算法》规定的范围内，界定哪些事权由哪级政府来承担，哪些事权由哪几级政府共同承担，以及如何共同承担。省级政府需承担省辖区范围内的经济结构调整、环境改善、中观目标的调控、省直机关的职能运转和省直管事业的发展等地方性支出项目，以完善中观调控、增加政府的执政能力。县（市）政府主要负责本县所辖区域内的经济、行政管理和事业发展等具体支出事宜，其主要包括：本级政府行政事业费、公检法经费、地方统筹安排的基建投资、企业技改和科研投资、城市维护建设经费、支农经费和社保经费等事业支出，改善公共设施，营造必备的发展环境。同时，具有跨地区“外部性”的公共产品和服务的支出责任有基础教育、卫生防疫、环境保护等，这些项目关系到国计民生，是中央与地方的共同职责，应由中央、省和县（市）政府按照一定的比例分担，以确保中央能在全国范围内统一规划、统一调控、协调发展。乡镇教师工资也属于中央与地方的共同支出责任，是基础教育经费的一部分，属于各级政府的共有事权。应由各级政府划分其管理范围，分清职责的条件下，按照各自的财力分担。

2.推进扩权强县改革中的事权与财权的关系

中国政府间事权与财权的关系，应以“公共支出管理责任与财力相匹配”为目标。事权和财权是具有中国特色财政理论中的名词，是伴随着中国的计划经济历史而来的。通常来讲，事权与财权总是联系在一起的，政府为了实现其政治经济目标，有事权就必须有相应的财权来匹配。1954 年《宪法》规定，全国有中央、省、县、乡 4 级政权，各级政权都有审查批准执行预算的权力。在 1994 年的分税制改革以后，实践与这一理论又有所偏离。分税制改革在事权没有明显变动的情况下，增加了中央的财权，缩减了省以下地方政府的财权，打破了原有的事权与财权的统一。

财权与财力是既有区别又相互联系的。政府具有一定的财权,一般具有相应的财力,但是反过来说,政府具有财力不一定具有财权。上级政府的财权一般大于其财力,所以一部分财力要通过转移支付的方式,转移给下级政府使用,这样也形成了下级政府的财力大于其财权。财权与财力的这种关系框架,也被发达国家广泛使用。

政府的公共服务职责应与财权相一致。中央政府负责调节各地之间的公共服务职责,地方政府只负责本地区的公共服务职责,所以,中央政府应具有大于地方政府的财权。然而,地方政府一般比中央政府负责更多的支出管理责任,应有相应的财力作保证,在地方政府较小的财权的基础上,需要中央或上级政府通过转移支付的手段,使下级政府获得与其支出管理责任相匹配的财力。

从具体实施上看,“扩权强县”是推行“省管县”过程中的一个过渡,按照“省管县”财政体制改革的要求,要合理界定县(市)级政府支出管理责任的范围,切实确保县(市)辖区内的公共物品和服务的提供,在县(市)政府财权较小的情况下,通过中央或省级财政转移支付,满足县(市)级政府支出管理责任相对应的财力,来达到公共支出管理责任与财力的匹配。政府支出管理责任界定要与“省管县”的改革步伐保持一致。根据财力和支出管理责任相匹配的原则,地市级政府失去了集中扩权县的支出管理责任,相应财力也应该减轻。

3.逐步推进“省管县”与“乡财县管”的财政体制

“省管县”财政体制是为了缓解县乡财政困难,解决政府预算级次过多等问题,在现行行政体制与法律框架内,省级财政直接管理县级财政的一种财政管理形式。“市管县”财政体制的最初目的是促进以城市发展带动周边广大农村地区的发展,但是,从现阶段情况来看,这一体制已经阻碍了县域经济的发展,使县级财力受到了一定程度的剥夺,有些地方甚至出现了“市刮县”的情况,这已经违背了“市管县”体制的初衷。城市带动县域经济的发展,主要通过市场进行带动,市对县的指导作用有限,“市管县”体制所起的正向作用已经不强烈,实行“省管县”财政体制的呼声越来越强烈。从1992年始,在中央政府的支持下,浙江、河北、江苏、河南、安徽、广东、湖北、江西、吉林等省份陆续推行了以“扩权强县”为主要内容的改革试点，对经济发展较快的县市进行了扩权，把地级市的经济管理权限直接下放给一些重点县。目前，全国实行财政“省管县”的有河北、山西、海南、辽宁、吉林、黑龙江、江苏、浙江、安徽、福建、江西、山东、河南等18个省份，加上北京、上海、天津、重庆4个直辖市，共有22个地区实行了财政体制上的“省管县”。“省管县”财政体制中，省级财政直接对县，减少了对县财政的剥夺，增加了对县级财政的支持程度，加快了县域经济的发展速度。从2002年8月起，浙江省又把地区一级的经济管理权限直接下放给20个县市，涵盖了计划、经贸、外经贸、国土资源、交通、建设等12大类313项扩权事项。从浙江的实行情况来看，“省管县”财政体制对县域经济发展起到了极大的推动作用，对县级财力的扩充也起到了极大的促进作用。从财政体制改革的长效机制来看，可以在全国范围内推广“省管县”体制。但各地区具体情况不同，在实行“省管县”的过程中，可能会出现支出管理责任与财力不匹配等问题，要根据各地区的具体情况，确定是否进行“省管县”体制。

“乡财县管”财政体制改革是在保持乡镇资金使用权、所有权和审批权不变的前提下，以乡镇为核算单位，实行“预算共编、账户统设、集中收支、采购统办、票据统管”的管理方式，由县级主管部门直接管理乡镇财政工作。

按照当前的财政体制，乡镇所征收的税种主要为小税，特别是实行税费改革之后，绝大多数乡镇的财政收入来源非常有限。在支出上，农村义务教育支出已经划归县级财政的支出管理责任，工商、税务、技术监督、公安、法院等部门又实行垂直管理，乡镇财政的支出管理责任也较为弱小。由此可见，乡镇财政收支在很大程度上已经弱化，实行“乡财县管”已经成为新形势下的一种优化财政体制的选择。

2004年，安徽省在全省范围广泛实行“乡财县管”，县财政直接监督和管理乡镇财政收支，县财政局也直接监管乡镇财政所。“乡财县管”有助于县级财政集中财力，也增加了乡镇财政支出的保障。在具体实施过程中，各地要根据实际情况，财力较弱的地区适合实行“乡财县管”模式，而经济实力强的乡镇，财力也充足，乡镇政府的职能比较全面，提供公共服务的能力也较强，在现阶段不宜采取这一方式。

5.2.2 完善公共财政支出方式

1.采用购买方式提供公共服务

政府提供公共服务的方式多种多样,主要有3种,第一种是由政府直接生产和提供;第二种是政府直接委托第三方提供;第三种是政府发放补助给服务对象,由服务对象自行选择第三方提供服务。根据公共服务种类的不同,有的更适合采用第一种方法,有的需要采取第二种方法,而有的采用第三种方法效率更高。但第二种方式与第三种方式都有两个共同特点,一是能够促使服务供给方的竞争,使他们降低服务成本,提高服务质量;二是使服务对象有选择的余地。自20世纪90年代起,不少福利国家开始采用购买的方式提供公共服务,并将越来越多的选择权交给了服务对象。

目前,我国县乡政府在提供公共产品时,主要采取了政府直接生产和经营的方式。这种提供方式使得公共产品的供给者基本上是行政机构或者财政供养的事业单位。而这种提供方式也造成了中国农村公共服务机构具有两个突出的特点:第一,行政性强,地域垄断性强。第二,效益差,没有竞争导致没有提高效益的动力。这些现象在农业科技推广体系、农村职业教育和农村医疗卫生等领域表现突出。

县级政府公共服务提供方式的发展方向,应由直接提供转向从第三方购买服务,使公共服务的供给方有了竞争的压力,从而降低成本,提高效率,以提高公共支出的效率。今后,应当鼓励县级财政采取更多、更为灵活的办法探索购买服务的方式。对于一些官僚主义明显,服务效率低的领域更应努力采取这种方式。对于服务对象来说,这也是提高福利水平的有效方式。

2.提高公共服务的针对性

基层政府直接与当地居民接触,与上级政府相比,在县域公共服务与基础建设的需求上更加体察民情,对财政需求能更直接地洞察当地居民的需要。提高县级政府在财政支出决策中的参与性,更有针对性地提供公共服务,从而提高公共服务的效率。

从我国的现实情况来看,提高县级政府在财政支出中的决策参与程度也是一个当前面临的重要问题。公共服务的提供,不单单是一个自上而下的决策，也要充分了解居民需求，思其所想，供其所需。这就要求赋予县级政府更大的支出决策权，更多地考虑居民的需求。

3.加强财政资金的引导作用

从农村公共的具体情况看，一方面，不少地区财政紧张，缺乏提供公共服务的财力；而另一方面，社会又有大量的资金缺少投资项目，资金得不到充分利用。农村的职业教育和培训、水利、道路、能源、医疗卫生、文化等领域的供给水平较低、供给效率低下，这主要是缺乏有效引导机制，无法有效吸引社会资金来提供农村公共产品。

从盈利水平看，农村大多数建设项目是低于城市的。只有提高农村项目的盈利水平，才有可能吸引社会资金到农村中来。并且，很多项目并不需要完全由财政负担，只要财政给予建设主体一定补助，社会投资者的积极性是可以调动起来的。

今后，要在完善产权制度的基础上，积极研究财政资金与社会投资整合的方式，要积极采取项目补贴、贴息、配套投资、提供设备、帮助培训人才等方式，降低社会投资者的成本，提高其总体盈利水平，激发社会投资者进入农村的积极性。在农田水利、病险水库除险加固、水源工程、农村道路渡口、小水电、大中型沼气池、农民培训、医疗、文化娱乐活动等方面，都可以积极进行探索。

5.2.3　健全财政的制度环境

1.健全法律制度

现代社会是法治社会，财政分配也必须是在法律的约束之下进行的。只有在法律的约束下，县级财政才能克服政府行为和财政分配中的自由主义行为，达到城乡公共产品服务平等的愿望，实现县级财政的高效率。我国正处在经济转型期，财政改革正逐步向公共化演变，但还未达到完全的财政公共化。在财政立法上，我国的相关法规制度还不健全，一些已有的法律法规也存在已不满足改革发展的形势的问题，需要根据形势的变化修订，在现实情况中，也存在有法不依、执法不严的问题，这些情况阻碍了公共财政的发展进程。所以，完善县级财政体制，需要法制建设的有力保障。

(1)健全公共财政法律法规体系　从立法上看，需要制定《财政基本法》、

《税收基本法》、《财政收支划分法》、《财政转移支付法》等法律法规，建立一个与实体法、程序法相配套的财政税收法律体系，为中国财政的公共化改革提供法律依据和法制保障。

(2)完善与县级财政相关的法律法规体系　包括修改完善《预算法》，完善农业立法、农村经济立法、农民权益保障和农村社会保障立法、农村基层政权和基层自治组织立法与农村社会、文化教育等方面的立法，还应完善与县级财政相关的监督法律体系。

2.建立合理的财政支出配置制度

政府财政支出应转向市场机制不能提供的社会公共服务领域，逐步退出应由市场配置资源来进行的经营性和竞争性领域。第一，要合理界定财政支出范围。依据公共性和引导性原则，科学规范政府职能，合理界定政府的财政支出范围，以“有所为、有所不为”为原则，加快解决财政职能“缺位”与“越位”的问题。第二，坚持以人为本，加大对社会公共事业的投入。增加对教育、文化、卫生、社会保障、就业再就业、“三农”、生态环境和公共基础设施的投入，提高提供公共产品和公共服务的质量，达到公共服务均等化。第三，深化行政事业机构改革。在确保行政机构高速运转的前提下，精简冗员，提高行政机构运转效率，防止行政经费不断增长。对于对政策和经济管理工作有明确辅助作用，以及明显以社会公益性为属性的事业单位，继续得到财政保障；对于一些以业务突出、主要以行业或专业业务为主的事业单位，单位工资收入主要以财政补贴形式获得；对于一些工资收入“自收自支”，主要面对市场，并已经开展经营活动的事业单位，应尽快推向市场。

5.2.4　采取综合配套设施

1.加快“金财工程”建设的步伐

“金财工程”即政府财政管理信息系统(简称 GFMIS)，是利用先进的信息技术，支撑以预算编制、国库集中支付和宏观经济预测分析为核心应用的政府财政管理综合信息系统，是财政系统信息化建设目标和规划的统称。“金财工程”是公共财政改革的技术支持，是实现财政工作信息化、现代化的依托，是提高财政监督管理效率的重要手段。实施“扩权强县”和“省管县”改革使省级政府管理事务数量急剧加大，受目前行政能力的约束和地域的限制，存在对地方监管不力的隐患。这就要求加快建设“金财工程”，通过完善的现代通信技术特别是网络技术和良好的交通条件，为建立公开透明的财政管理体制和促进财政监督管理能力的快速提升创造条件。积极消除市、县之间相互攀比现象，杜绝“暗箱操作”的腐败行为，省财政向市、县财政公开财政分配方案，对于有异议的项目，应及时公开透明地解决。

2.逐渐推动“扁平化”行政体制改革

“扩权强县”、“省直管县”财政体制改革的深入，“乡财县管”改革的实施，我国的财政体制将由 5 级演变为 3 级。财政体制的“扁平化”有望促进行政体制“扁平化”的形成，财政分权与行政分权趋于统一。

(1)改革过程中上下级政府的协同问题　各级政府特别是市级政府统一思想、提高认识、不纠缠于一时的利益得失是保证改革顺利进行的前提。省级各部门要改变工作思路和工作方法，提高服务意识，依据“省直管县”的改革要求，完善相应配套措施，直接针对县级部门进行相关工作。

(2)行政改革与人事调整的整合　首先，“省直管县”改革会导致省级部门因业务增加而工作人员相对缺少，县级部门人员素质达不到要求，工作中出现对接不畅的问题，而市级部门因事务减少导致人员相对过多，无法安置的现象。对于这一现象，可以把市级部门部分工作人员“借调”到省级部门工作或者下派到县级部门“挂职”等办法使改革工作协同推进。其次，借鉴山西、湖南、江苏等地的经验，对县级干部采用“高配”办法，把一些经济社会发展程度高，人口多的县的县级干部就地提拔为副厅级，用政治地位和待遇的提高激励干部的执政积极性。这一做法也对地方政令稳定起到了积极的作用，同时推动了县域经济的发展。

3.建立和完善省对县的监督管理机制

财政分权改革使省级财政需管理的事务急剧增多，容易引起管理盲区问题，因此，应建立一套完善的省级财政对县级财政的监督管理机制。应设置科学的政府预算绩效评价指标体系；由省级政府派专员到县全面掌握县级财政的运行情况；建立公开透明的财政信息管理系统，对县级政府的收支项目如各项转移支付及专项资金补助、国库集中收付和专项资金补助等审查分析。支持县级财政自身进行财政监督体制的建设和完善,充分放权给县级财政机构。

4.县乡体制改革与事业单位改革协调推进

税费改革以后,乡镇政府的负担大幅度减小,冗员相应精简,为乡镇职能转变提供了有利条件。在推行"扩权强县"、"省直管县"时,地市级政府将成为省级政府的派生机构,冗杂的行政事业机构工作人员将会精简,政府整体运行效率将会提高。与此同时,全国各类事业单位改革也在紧张有序地进行,行政层级减少之后,与其相对应层级的事业单位也会加快改革的步伐,如果将二者统一结合,上下联动,协调推进,平稳过渡,将会达到事半功倍的效果。

5.2.5 规范和完善财政转移支付制度

加速县域经济发展和完善省管县财政体制改革,必须建立起科学、规范的财政转移支付制度。它不仅是分税制财政体制的重要组成部分,也是处理中央政府和地方政府及地方政府间的财政分配关系、实现各地财力均衡和公共服务均等化的基本手段。解决县级财政困难也必须依靠财政转移支付的改革和完善。转移支付在推动建立县级政府的社会保障制度、发展社会事业、促进经济建设方面成为一大助力,在新时期要适应县域经济发展的新形势,需要进一步规范和完善转移支付制度。

1.压缩专项拨款规模,精简专项拨款项目

县级财政作为地方财政管理单位,对需要资金扶持的环节和领域比较了解,在转移支付的调控方面比较灵活,便于集中财力办大事,结合当地情况发展特色经济,更能体现出财政资金的公平性和效率性,推动县域经济的发展。在实际问题的解决上,地方政府更能体现出效率性。地方政府要提高自身的决策余地,需要保证在总量一定的情况下,限制专项资金的规模。由于专项资金的性质和用途往往由上级部门明确规定,大大限制了县级政府决策,对亟待解决的问题无从知晓,自然也是无法解决。要改变这种低效率的状态,必须将资金的决策权下移,压缩专项拨款的规模。但是要划分界限,对于某些需要跨省域执行的影响全局性的项目,例如大江大河的治理、部分大型生态建设项目等，中央的专款专项还是有必要的。对于省（自治区、直辖市）内协调的项目，例如省内水利、道路等设施的建设则按照先后原则统筹解决。在省（自治区、直辖市）以内，也要划分事权财权界限，要秉承在其行政范围内的项目尽可能由本级政府解决，跨区域协调的则由上级政府乃至中央政府解决的原则。在实际操作过程中要具体问题具体分析，对于某些能够通过区域之间协调解决的跨行政区域项目，也可以由自身决策。

2.确保县级整合各项转移支付

建立一个适应市场经济的统一、协调、高效的管理体制是县级财政管理体制改革的方向。县级政府了解当地情况，对于本级财政资金的支配能力是很强的，基本上能做到具体问题具体分析。县级财政高度依赖上级补助，对于上级补助收入，几乎是无能为力，根据当地需求优化财政支出结构更是无从谈起。要解决这种情况，必须整合现有的资金、项目，使之相对集中。县级财政要加强统筹协调和统一安排，对于目前由不同渠道管理的投入，尤其是用于基础设施建设以及其他需要大笔投入的项目，防止其过于分散，有效地发挥财政资金的效率性。

从部门设置上来看，县级财政部门机构齐全，对当地情况熟悉，具有在全县范围统筹安排项目实施、支配政府支农资金的能力。因此，要保证财政支农资金的效率性，县域范围内实施的支农项目应尽可能由县级政府统筹安排。具体措施可以成立县一级的专职机构，负责支农项目的专款专用和项目实施。县级专门的职能机构可以负责管理对农民进行直接补贴的项目，包括粮食直补资金、退耕还林补贴资金、农机补贴资金、良种补贴资金、抚恤金、救济金、五保户供养资金、农村新型合作医疗补贴资金等，可以通过建立家庭账户的方式直接发放到农民手中。目前，安徽的试点经验取得了明显成效，可以及时予以推广。

参考文献

[1] Arrow, K. J. , M. Kurz. Public Investment, The Rate of Reture and Optimal Fiscal Policy[M]. The John Hopkins Press, 1970.

[2] Aschauer, D. Is Government Spending Productive?. Journal of Monetary Economics[J], 1989, (23): 177-200

[3] Barro, R. J. Government Spending in a Simple Model of Endogenous Growth[J]. Journal of Political Economy, 1990(98): 103-125.

[4] Barth. J. , M, Bradley. The Impact of Government Spending on Economic Activity. Discussion Paper[M]. George Washington, 1987.

[5] Careaga Maite, Barry R. Weingast. Fiscla Federalism, Good Governance, and Economic Growth in Mexico. Dani Rodrik, ed. , In Search of Prosperity: Analytic Narratives on Economic Growth, Princeton: Pirnceton University Press, 2003.

[6] Devrarajian, S. , Swaroop, V. , H. Zou. The Composition of Public Expenditure and Economic Growth[J]. Journal of Public Economics, 1996 (37): 313-P344.

[7] Easterly, William, Sergio Rebelo. Fiscal Policy and Economic Growth; An Empirical Investigation[J]. Journal of Monetary Economics, 1993(32): 417-458.

[8] Grier, Tullock. An Empirical Analysis of Gross-National Economic Growth, 1951-1980[J]. Journal of Monetary Economics, 1987(24):259-276.

[9] Landau, Daniel. Government Expenditure and Economic Growth[J]. A Cross-Country Study. Southern Economicurnal, 1983(49):783-792.

[10] Shleifer, A. Schumpeter Lecture: Government in Transition. European Economic Review, 1997, 41(3), 385-410.

[11] Taylor, J. E., G. A. Dyer, A. Yunez-Naude. Disaggregated Rural Economy wide Models for Policy Analysis. World Development, 2005, 33(10): 1671-1688.

[12] Teresa Serra, David Zilberman, Barry K. Goodwin, etc. Decoupling Farm Policies How Does This Affect Production. The American Agricultural Economics Association Annual Meeting, Providence, Rhode Island, July 24-27, 2005.

[13] Tokle, J. G., W. E. Huffman. Local Economic Conditions and Wage Labor Decisions of Farm and Rural Nonfarm Couples. *American Journal of Agricultural Economics*, 1991, 73:652-670.

[14] Utpal Vasavada, Robert G. Chambers. Investment in U. S. Agriculture. American Journal of Agricultural Economics, November, 1986:951-960.

[15] Vernon L. Smith. Experimental Economics: Induced Value theory. Topology and Global Analysis, 1976, Vol. 66, No. 2: 274-279.

[16] Weingast, Barry. The Performance and Stability of Federalism: An Institutional Perspective. Claude Menard, Mary Shirley, ed. Handbook of the New Institutional Economics, Kluwer Academic Press, 2004.

[17] Werner W. Pommerehne, Friderich Schneider, Peter Zweifel. Economic Theory of Choice and the Preference Reversal Phenomenon: A Reexamination. American Economic Review, 1982, Vol. 72, No. 3:569-574.

[18] William Lin, Robert Dismukes. Supply Response under Risk: Implications for Counter-Cyclical Payments Production Impact. *Review of*

Agricultural Economics,2006,Vol. 29, No. 1:64-86.

[19] Young, C. E. ,P. C. Westcott. How Decoupled Is U. S. Agricultural Support for Major Crops?. *American Journal of Agricultural Economics*, 82(August 2000):762-767.

[20] Zhiying Xu, T. S. Jayne,J. Govereh. Input Subsidy Programs and Commercial Market Development: Modeling Fertilizer Use Decisions in a Two-Channel Marketing System, *American Agricultural Economics Association Annual Meeting*, Long Beach, California,July,2006:23-26.

[21] 毕丽,危素玉.财政分权理论综述.云南财贸学院学报,2004(20):3.

[22] 布坎南.民主财政论.穆怀朋,译.北京:商务印书馆,1999.

[23] 财政部财政科学研究所.2003年度财政研究报告.北京:中国财政经济出版社,2005.

[24] 操世元,姚莉."省管县"体制改革:动因、障碍与对策.前沿,2007(7).

[25] 陈纪瑜."省直管县"财政体制改革模式探讨——以湖南为例.财政理论与实践,2007(1).

[26] 陈共.财政学.北京:中国人民大学出版社,2009.

[27] 陈锡文,韩俊.五大因素导致县乡财政危机.国研网(www. drc. net. com).

[28] 陈锡文,韩俊,赵阳.中国农村公共财政制度理论、政策、实证研究.北京:中国发展出版社,2005.

[29] 程又中,陈伟东.国家与农民:公共产品供给角色与功能定位.华中师范大学学报,2006(2).

[30] 戴维斯,诺斯.制度变迁的理论——财产权利与制度变迁.上海:上海人民出版社,上海三联书店(中译本),1994.

[31] 戴天柱.中国财政投融资研究.北京:经济管理出版社,2001.

[32] 邓可斌,丁菊红.转型中的分权与公共品供给:基于中国经验的实证研究.财经研究,2009(3).

[33] 樊丽明,李齐云.中国地方财政运行分析.北京:经济科学出版社,2001.

[34] 樊胜根,张林秀.中国农村公共投资.北京:中国农业出版社,2003.

[35] 范子英,张军.财政分权与中国经济增长的效率.管理世界,2009(7).

[36] 方晓利,周业安.财政分权理论述评.教学与研究,2001(3).
[37] 费雪.州和地方财政学.北京:中国人民大学出版社,2000.
[38] 傅勇,张晏.中国式分权与财政支出结构偏向:为增长而竞争的代价.管理世界,2007(3).
[39] 傅勇.财政分权、政府治理与非经济性公共物品供给.经济研究,2010(8).
[40] 傅志华.新时期农村公共财政支出框架建设研究.研究报告,2004(20).
[41] 葛云伦,王学钊.农村公共产品供给制度与增加农民收入.天府新论,2005(2).
[42] 龚六堂.公共财政理论.北京:北京大学出版社,2009.
[43] 谷洪波.农村公共产品供给体制缺陷与农民负担.南华大学学报社会科学版,2005(1).
[44] 郭家虎,崔文娟.财政合理分权与县乡财政解困.中央财经大学学报,2004(9).
[45] 郭庆旺,贾俊雪.财政分权、政府组织结构与地方政府支出规模.经济研究,2010(11).
[46] 韩俊,王宾.完善我国农业支持和保护制度.国务院发展研究中心调研报告 2008 年第 40 号.
[47] 何成军.县乡财政困难:现状、原因、出路.中国农村经济,2003(2).
[48] 何菊芳.论取消农业税后农村公共产品供给体制的创新.财政研究,2005(11).
[49] 胡书东.经济发展中的中央与地方关系——中国财政制度变迁研究.上海:上海三联书店,2001.
[50] 胡拓坪.乡镇公共产品的供求矛盾探析.财政研究,2001(7).
[51]《缓解县乡财政困难政策措施研究》课题组.缓解县乡财政困难政策措施研究.北京:中国财政经济出版社,2008.
[52] 黄佩华,迪帕克.中国——国家发展与地方财政.北京:中信出版社,2003.
[53] 黄志冲.农村公共产品供给机制创新研究.现代经济探讨,2000(10).
[54] 纪良纲,陈晓永,陈永国.关于扩权强县改革的体制性思考.河北经贸大学学报,2008(3).

[55] 贾海彦.公共品供给中的政府经济行为分析.北京:经济科学出版社,2008.

[56] 贾俊雪,郭庆旺,宁静,财政分权、政府治理结构与县级财政解困.管理世界,2011(1).

[57] 贾俊雪,郭庆旺.政府间财政收支责任安排的地区经济增长效应.经济研究,2008(6).

[58] 贾康.财政的扁平化改革和政府间事权划分.中共中央党校学报,2007(6).

[59] 贾康,白景明.县乡财政解困与财政体制创新.经济研究,2002(2).

[60] 贾康,阎坤.中国财政:转轨与变革.上海:上海远东出版社,2000.

[61] 贾康.财政体制改革的反思与对策.审计与理财,2007(10).

[62] 贾康,于长革."省直管县"财政改革的意义、内容及建议.中国税务,2010(4).

[63] 蒋斌.我国县级财政可持续发展研究:[博士学位论文].重庆:重庆大学,2008.

[64] 金双华.财政教育支出政策与收入分配.财贸经济,2003(1).

[65] 柯炳生.工业反哺农业是经济社会发展新阶段.西南交大学报,2005(2).

[66] 李彬.乡镇公共物品制度外供给分析.北京:中国社会科学出版社,2004.

[67] 李秉龙.中国农村贫困.公共财政与公共物品.北京:中国农业出版社,2003.

[68] 李成威.公共产品的需求与激励、评价与激励.北京:中国财政经济出版社,2005.

[69] 李羚.公共绩效考验政府服务的质量.经济体制改革,2004(6).

[70] 李兰英.对我国政府间转移支付的几点思考.中央财经大学学报,2004(1).

[71] 李茂生,陈昌盛.中国:农民减负、县乡财政解困的财税对策.财贸经济,2004(1).

[72] 李一花.中国县乡财政运行及解困研究.北京:社会科学文献出版社,2008.

[73] 李永友.公共服务型政府建设与财政支出结构效率.经济社会体制比较,2011(2).

[74] 李友元,姜竹,马乃云,等.财政学.北京:机械工业出版社,2006.

[75] 林万龙.乡村社区公共产品的制度外筹资:历史、现状及改革.中国农村经济,2002(7).

[76] 林万龙.中国农村社区公共产品制度变迁研究.北京:中国财政经济出版社,2003.

[77] 林万龙.农村公共产品的需求与优先序分析."公共财政覆盖农村"专题报告.财政部课题组,2005.

[78] 刘迪.全面取消农业税对乡镇财政的影响及对策.河南省南阳市财政局,2005(7)(http://www.chinaacc.com/tougao/article/ 2005/7/507125619275002304.html).

[79] 刘鸿渊.农村公共产品供给不足的原因与重构.商业研究,2005(2).

[80] 刘伦,胡玲.乡镇财政自给能力分析.中央财经大学学报,2004(4).

[81] 刘卫东."扩权强县"与地区公共产品供给研究.学术交流,2007(8).

[82] 刘尚希.政府债务:风险状况的初步分析.管理世界,2002(5).

[83] 刘尚希.从县乡财政困难看财政改革.财政监督,2008(5).

[84] 刘希尚,李成威.财政"省管县"改革的风险分析.当代经济管理,2010(10).

[85] 刘小明.财政转移支付制度研究.北京:中国财政经济出版社,2001.

[86] 刘祖华.农村"一事一议"的制度经济学分析.江汉大学学报(社会科学版),2007(9).

[87] 罗丹,陈洁.县乡财政的困境与出路.管理世界,2009(3).

[88] 罗丹,陈洁.中国县乡财政调查.上海:上海远东出版社,2008.

[89] 罗伊·巴尔.财政分权.世界银行报告,2007(8).

[90] 马斯格雷夫.财政理论与实践.5版.北京:中国财政经济出版社,2003.

[91] 马晓河,方松海.我国农村公共产品的供给现状、问题与对策.农业经济问题,2005(4).

[92] 马晓河,姜长云.深入安徽:农村税费改革问题探讨.宏观经济管理,2001

(4).
[93] 迈克尔·麦金尼斯.多中心体制与地方公共经济.上海:上海三联书店,2000.
[94] 孟醒.统筹城乡社会保障.北京:经济科学出版社,2005.
[95] 倪红日.中国政府间财政关系和转移支付制度的历史、现状与改革建议."公共财政覆盖农村"专题报告,财政部课题组,2005.
[96] 倪平松.西方国家财政支农理论与政策.湖北财税,2006(8).
[97] 秦庆武.加快我国农村公共产品供给体制的改革与创新.东岳论丛,2005(4).
[98] 萨瓦斯.民营化与公私部门的伙伴关系.北京:中国人民大学出版社,2002.
[99] 尚长风.农村公共产品缺位研究.经济学家,2004(6).
[100] 宋立根.优化财政支出结构的基本思路.研究与探讨,2002(12).
[101] 舒尔茨.制度与人的经济价值的不断提高——财产权利与制度变迁.上海:上海人民出版社、上海三联书店(中译本),1994.
[102] 苏明,王小林.城市化、工业化进程中公共财政促进农村发展问题研究."公共财政覆盖农村"专题报告,财政部课题组,2005.
[103] 苏明,张立承.我国县乡财政管理体制改革的思路与对策.地方财政研究,2006(8).
[104] 孙开.财政体制改革问题研究.北京:经济科学出版社,2004.
[105] 孙昭阳."省管县"财政管理体制研究:[硕士学位论文].武汉:西南财经大学,2007.
[106] 唐仁健.对农村税费改革若干重大问题的探讨.中国农村经济,2002(9).
[107] 唐朱昌.新编公共财政学:理论与实践.上海:复旦大学出版社,2004.
[108] 陶勇.农村公共产品供给与农民负担问题探索.财贸经济,2001(10).
[109] 田发,周深影.基层财政解困:一个财政体制变迁的分析框架.经济学家,2007(1).
[110] 田志宏,刘北桦.关税税率调整的经济效应及理论模型.中国农业大学学报,2001(8).

[111] 田志宏.工厂化农业园区企业竞争力分析.科技和产业,2004(9).
[112] 腾霞光.农村税费改革与地方财政体制建设.北京:经济科学出版社,2003.
[113] 田秀娟,周飞舟.税费改革与农民负担:效果、分布和征收方式.中国农村经济,2003(9).
[114] 王宾,赵阳.农村税费改革对乡镇财力影响的实证分析.管理世界,2006(11).
[115] 王俊霞,闫波.创新农村公共产品供给决策机制的思考.光明日报,2006年8月29日.
[116] 王海燕.我国省以下财政分权研究综述.商业时代,2007(11).
[117] 王奎泉.现阶段我国农村公共产品供给中的政府行为选择.农业经济问题,2005(4).
[118] 王敏.县级财政收支分析.武汉:武汉大学出版社,2007.
[119] 王清平."关于推进'扩权强县'试点工作的思考".人民网——理论频道,2009年6月3日.
[120] 王文灿,胡世明.论我国农村公共产品的供给矛盾.福建农业大学学报,2005(3).
[121] 王小林.西方公共服务制度安排对中国农村公共服务改革的启示.农业经济,2003(8).
[122] 王小龙.县乡财政解困与政府改革:目标兼容与路径设计.财贸经济,2006(7).
[123] 王伟东.吉林省"省管县"框架下的县级财政运行研究:[硕士学位论文].长春:吉林大学,2009.
[124] 王雍君.公共财政学.北京:北京师范大学出版社,2008.
[125] 王永钦,等.中国的大国发展道路——论分权式改革的得失.经济研究,2007(1).
[126] 王玉华.中国财政支出结构调整与优化.上海:上海三联书店,2009.
[127] 魏建.公共产品的强制性供给与农民负担的谈判制度.南开经济研究,1998(1).

[128] 吴士健.试论农村公共产品供给体制的改革与完善.农业经济问题,2002(5).
[129] 吴伟.西方公共物品理论的最新研究进展.财贸经济,2004(4).
[130] 吴晓斌,夏厚俊,胡振虎.中国农村公共产品供给制度变迁研究.农村经济,2006(6).
[131] 熊巍.我国农村公共产品供给分析与模式选择.中国农村经济,2002(7).
[132] 徐超.财政约束下的农村公共产品供给创新.理论导刊,2005(8).
[133] 徐现祥,李郇,王美今.区域一体化、经济增长与政治晋升.经济学(季刊),2007(4).
[134] 徐小青.中国农村公共服务.北京:中国发展出版社,2002.
[135] 亚当·斯密.国民财富的性质和原因的研究.北京:商务印书馆,1981.
[136] 姚洋,杨雷.制度供给失衡和财政分权的后果.战略与管理,2003(3).
[137] 严成樑,龚六堂.财政、税收与长期经济增长.经济研究,2009(6).
[138] 阎坤.转移支付制度与县乡财政体制构建.财贸经济,2004(8).
[139] 阎坤.中国县乡财政体制研究.北京:经济科学出版社,2006.
[140] 杨国勇,汪雷.公共经济学视角下农村义务教育政府投入机制研究.经济社会体制比较,2007(2).
[141] 杨洛.区级财政支出结构优化研究:[硕士学位论文].杭州:浙江大学,2010.
[142] 杨苜.基于我国财政职能视角的财政支出研究:[硕士学位论文].长春:吉林大学,2008.
[143] 杨其静,聂辉华.保护市场的联邦主义及其批判.经济研究,2008(3).
[144] 杨全社,郑健翔.地方财政学.天津:南开大学出版社,2005.
[145] 杨怡.中国财政支出结构的变动及优化策略:[硕士学位论文].重庆:重庆大学,2005.
[146] 叶兴庆.论农村公共产品供给体制的改革.经济研究,1997(6).
[147] 叶兴庆.农村税费改革要有新突破.中国税务,2003(6).
[148] 虞小迪.省管县财政体制研究:[硕士学位论文].杭州:浙江大学,2005.
[149] 叶子荣,刘鸿渊.农村公共产品供给制度.历史、现状与重构.学术研究,

2005(1).
[150] 袁连生.我国义务教育财政不公平探讨.教育与经济,2001(4).
[151] 张刚.县乡债务破万亿,财政部今年起化解.经济观察报,2005年1月26日.
[152] 张立承.中国县乡公共财政运行机理研究:[博士学位论文].北京:中国农业大学,2003.
[153] 张丽阳,张征.分权与转型:扩大管理权限对县级财政支出的影响分析.宏观经济管理,2011(4).
[154] 张丽阳,张征."十二五":经济社会发展转型的战略枢纽期.中国经贸导刊,2010(21).
[155] 张军.分权与增长:中国的故事.经济学(季刊),2007(1).
[156] 张军,高远,傅勇,等.中国为什么拥有了良好的基础设施.经济研究,2007(3).
[157] 张秀英,刘金玲.中国西部地区乡镇负债问题研究.北京:人民出版社,2004.
[158] 张占斌.政府层级改革的酝酿:强县扩权与省直管县.当代广西,2005(9).
[159] 张正河,等.县域农村产业结构调整与资源配置.北京:科学出版社,2005.
[160] 赵琳.合理划分中央与地方政府间的事权与财权.经济研究参考,2005(51).
[161] 赵文哲.财政分权与前沿技术进步、技术效率关系研究.管理世界,2008(7).
[162] 赵阳,王宾.深化县乡财政管理体制改革,扎实推进新农村建设.中国发展观察,2006(10).
[163] 赵阳.从税费改革看县乡财政体制的完善.开放潮,2003(5).
[164] 赵云旗.中国分税制财政体制研究.北京:经济科学出版社,2005.
[165] 赵志耘.论中国财政分权程度.涉外税务,2005(11).
[166] 中国社会科学院财政与贸易经济研究所课题组."十二五"时期的中国财政支出结构.经济研究参考,2011(3).
[167] 钟晓敏.地方财政学.北京:中国人民大学出版社,2001.

[168] 钟跃民,刘克纾.农村公共产品供给失衡的原因及整治对策.晋阳学刊,2005(1).

[169] 周飞舟,赵阳.剖析农村公共财政:乡镇财政的困境和成因——对中西部地区乡镇财政的案例研究.中国农村观察,2003(4).

[170] 周飞舟.分税制十年:制度及其影响.中国社会科学,2006(6).

[171] 周黎安.晋升博弈中政府官员的激励与合作——兼论我国地方保护主义和重复建设问题长期存在的原因.经济研究,2004(6).

[172] 周黎安.中国地方官员的晋升锦标赛模式研究.经济研究,2007(7).

[173] 周业安.县乡级财政支出管理体制改革的理论与对策.管理世界,2000(5).

[174] 周一萍.关于农村税费改革中债务问题的思考.三农问题研究理论月刊,2003(5).

[175] 朱启臻,鲁可荣.农业的公共产品性与农业服务体系建设.中国农业科技导报,2007(9).

[176] 朱延松.农村公共产品供给与农民增收.商业研究,2005(8).

后　记

时光荏苒，岁月如梭。转眼已经博士毕业4年了，我已经有了自己的事业和家庭，人生也进入到了另一个时期，但此书的付梓将延续我的学术情怀，延续我对财政科学的努力。7年前，我站在美丽的校园里，心中满怀期待和憧憬；6年前，我坐在自习室里，为学习基础课程而挑灯夜读；5年前，我坐在宿舍里，为论文中的问题而苦思冥想；现在，我坐在书桌前，为迟来的论文付梓添上这最后一笔，心中无比留恋，感慨万千。

首先，我要深深地感谢我的导师——中国农业大学经济管理学院的张正河教授，是他把我带进了农业经济这个神圣的领域，从论文的选题、提纲的拟定、论文的写作到终稿的审定都是在恩师的悉心指导下完成的，期间的每一丝进步、每一份收获，无不包含着恩师的谆谆教导和殷殷期望。"桃李不言，下自成蹊"，恩师渊博的学识、深邃的思想、严谨的治学作风、平和的处世态度，使我虽仅随师3年，却受益终生。师母何玉英老师在生活中给予我无微不至的关怀和爱护，待学生如家人一般。在此，向他们致以最崇高的敬意和最衷心的感谢。

中国农业大学这所百年名校质朴的治学环境和严谨的学术氛围深深感染着我，经济管理学院众多的老师给予了我无私的帮助，感谢武拉平教授、田维明教授、何秀荣教授、李秉龙教授、辛贤教授、何广文教授富有启发性的知识传授；感谢穆月英教授、林万龙教授、陆娟教授、田志宏教授以及司伟副教授、苏保忠副教授、尹金辉副教授在论文开题、写作、中期检查和答辩中给予的指导和建议;感谢张瑞海书记、方芳老师、马晓燕老师和孙静芳老师在学习上给予的关心和帮助。

在博士学习期间,我得到了全班同学的热心帮助,并从他们那里得到了许多有益的启发,学习和科研虽然艰苦,但是一路上有了他们的鼓励,留下的全都是美好的回忆。感谢我的室友高芸、张妮妮以及秦建军、张印午、隋艳颖等2008级博士三班所有与我并肩奋斗3年的同学们。感谢曾经陪伴我完成学业的所有师兄(姐)弟(妹)高明华、葛珺沂、柳岩、张颖、崔长彬、王小兵、王健、王报华、王金鑫、杨荔荔和周竹君,是在与他们的讨论中我拓宽了论文思路,也是与他们的相处给我枯燥的研究工作增添了乐趣。祝愿所有的同学和师兄(姐)弟(妹)前程似锦。

家人永远是我最坚强的后盾,他们无私的亲情一直支持着我不断前行。深深地感谢我的父母,他们的无私奉献使我能全身心地投入到学习之中,从来没有后顾之忧,在我多年的求学生涯中,他们一直无怨无悔地对我鼎力支持,温情鼓励,使我能够克服困难,不断前进。谁言寸草心,报得三春晖,他们永远的健康快乐是我最大的心愿。感谢我的姐姐张丽、姐夫马闯,有了他们的无私相助和大力支持,论文才得以顺利完成。特别感谢我的先生张征博士,他承担了大量的资料整理工作,在我伤心时给予欢乐,消沉时给予鼓励,迷茫时给予指点,论文的顺利完成离不开他的鼎力支持。

论文写作中参阅了大量的文献和资料,非常感谢这些文献和资料的作者,他们的工作为本论文的研究提供了有益的启发,在此向他们表示感谢。

谨以此作献给我的女儿,张竞予。

张丽阳

2015年5月2日于北京广安门

中国农业大学中国县域经济研究中心近10年来主要科研项目汇总表

1	北京大兴区村改居社会保障体系规划	北京市发改委	2003—2004年
2	浙江省西部山区农业发展研究	国家发改委宏观经济研究院	2003—2004年
3	战略管理案例研究	中国农业大学	2003—2004年
4	北京郊区乡镇企业发展支持系统研究	北京市发改委	2004—2005年
5	全国农垦产业化发展规划	农业部	2004—2005年
6	食品工业免除税收与农民增收关系研究	农业部	2004—2005年
7	全国农场扶贫“十一五”规划	农业部	2004—2005年
8	农产品贸易与农民增收问题	农业部	2004—2005年
9	中国涉农企业标准化战略	国家标准化委员会	2004—2005年
10	中国农业品牌化战略	农业部	2005年
11	砀山产业发展规划	安徽省	2006—2007年
12	农产品市场流通过程中的安全标准体系	国家商务部	2007年
13	包头新农村建设中的产业聚集研究	内蒙古自治区	2007—2008年
14	农产品进超市经营指南研究	商务部流通促进中心	2007年
15	中国农村科技创新:企业创新研究	科技部国家科技支撑项目	2008—2009年

续表

16	新农村建设及产业园区研究	承德县人民政府	2008—2009年
17	河南食品产业聚集区研究	安阳市人民政府	2008—2009年
18	安阳市新农村建设战略	安阳市人民政府	2008—2009年
19	国家科技特派员制度研究	科技部及UNDP	2008—2009年
20	中国农民科技素质提高的因素分析	科技部	2008—2009年
21	中国乡镇企业产业集群研究	农业部	2009—2010年
22	中国农业科技创新体系研究	科技部	2009—2010年
23	延庆县域经济发展研究	延庆县委	2010年
24	产业集群与小城镇建设	农业部	2010—2011年
25	涉农企业标准化研究	中国标准化研究院	2010—2011年
26	长吉图农产品加工业发展战略	吉林省工信厅	2010年
27	农业行业信用评级	国家开发银行	2010年
28	农业行业信用评级	国家开发银行	2011年
29	国家社科重大项目11&ZD009:同步推进三化战略研究	全国社科规划办	2011—2014年
30	国家草原承包经营制度专题研究	农业部	2012年
31	农业行业信用评级	国家开发银行	2012年
32	高标准农业建设标准体系	国家标准研究院	2012年
33	中国区域节能减排能力测度与政策推进	山东省软科学优秀成果二等奖	2012年
34	协调与融合:黄淮区域工农业协调发展战略研究	省级社科优秀成果奖三等奖	2012年
35	国家扶贫开发典型教学案例项目	国务院扶贫办	2013年
36	国家草原承包经营制度创新研究	农业部	2013年
37	安徽省阜阳扶贫规划	安徽阜阳	2013年
38	国家重大公益项目农业社会服务标准研究	国家标准委 西北农林科技大学	2013—2014年